上海高校服务国家重大战略
出版工程资助项目

图书在线评论对销售绩效的影响机制研究

任 娟 著

上海科学技术文献出版社
Shanghai Scientific and Technological Literature Press

图书在版编目（CIP）数据

图书在线评论对销售绩效的影响机制研究 / 任娟著. —上海：上海科学技术文献出版社，2018
出版传媒教育改革与前沿理论出版工程
ISBN 978-7-5439-7769-3

Ⅰ.①图… Ⅱ.①任… Ⅲ.①图书—销售—研究 Ⅳ.① G235

中国版本图书馆 CIP 数据核字（2018）第 220854 号

上海高校服务国家重大战略出版工程资助项目

责任编辑：孙　嘉
封面设计：袁　力

图书在线评论对销售绩效的影响机制研究
TUSHU ZAIXIAN PINGLUN DUI XIAOSHOU JIXIAO DE YINGXIANG JIZHI YANJIU
任　娟　著
出版发行：上海科学技术文献出版社
地　　址：上海市长乐路 746 号
邮政编码：200040
经　　销：全国新华书店
印　　刷：常熟市华顺印刷有限公司
开　　本：650×900　1/16
印　　张：13
字　　数：168 000
版　　次：2018 年 11 月第 1 版　2018 年 11 月第 1 次印刷
书　　号：ISBN 978-7-5439-7769-3
定　　价：58.00 元
http://www.sstlp.com

"出版传媒教育改革与前沿理论出版工程"总序

文化发展战略不仅关系到中国特色社会主义事业"五位一体"的整体布局,也关系到中国社会的文明进步和中华民族的伟大复兴。现阶段重点是提高我国文化整体实力和竞争力,推动文化事业全面繁荣、文化产业快速发展,实现建成社会主义文化强国的宏伟目标。这也是新的历史时期特别是"十三五"期间我国文化发展的方向。上海出版印刷高等专科学校积极参与国家的文化发展战略,申报并获批建设"出版传媒教育改革与前沿理论"上海高校服务国家重大战略出版工程项目,这是一个重大机遇。该项目建设对于推进学校的教育教学改革、提高人才培养质量,提升教师科技服务能力、推进学科专业建设,促进出版传媒业转型升级、建设区域文化高地,都具有重要意义。

"出版传媒教育改革与前沿理论"重大战略出版工程项目首批由五本专著构成,包括两本高职教育改革专著和三本出版传媒学科理论探索论著,选题围绕学术研究的热点问题展开,体现了实践前沿和学科专业领域理论前沿的研究成果。著者均具有博士学位和较好的学养,是相关管理实践与理论研究领域的专家。专著的成稿还基于教育部人文社科研究项目、上海市教委科研创新重点项目以及博士后研究项目的支持,有效地保障了该工程的出版质量,实际上是多课题研究的集大成者。

专著《国家骨干高职院校建设的理论与实践》围绕师资建设、校企合作、专业建设、社会服务、教学改革、管理改革等主题,对国内骨干高职院校建设的理论与实践研究进行了充分论述,并重点分析了上海出版印刷高等专科学校国家骨干高职院校建设取得优异成绩的经验与特色,提出了我国重点高职院校后骨干建设时期的改革建议,为提升高校办学水平、更好地促进人才培养提供了有价值的指导。

专著《高职院校现代教育治理体系建设的理论与实践》针对"多元参与"这一高职院校现代教育治理体系建设特征,分析了高职院校现代教育治理体系建设的目标指向与运行机制、学校章程建设、人才培养改革、师生权益保障、国内外经验,剖析了上海出版印刷高等专科学校作为上海唯一一所实施现代大学制度建设试点的高职院校单位的改革探索经验,为高职院校教育治理结构的优化、人才培养质量的提升提供了有益借鉴。

专著《网络危机舆情演化仿真与沟通问题研究》针对新媒体环境下危机沟通的研究主题,聚焦互联网空间中无组织异质群体对危机事件的感知行为,探讨了网络危机舆情热点的形成及演变机制,从复杂适应系统的视角入手,对网络危机舆情演变进行多主体建模仿真研究,采取情景模拟、系统参数空间搜索等方法对模型进行分析,结合仿真方法及案例分析,研究成果能为组织在危机状态下的沟通策略提供决策依据。

专著《图书在线评论对销售绩效的影响机制研究》针对大数据背景下线上图书消费者的购买行为特征,采用在线评论文本挖掘方法和计量统计模型等分析了在线评论的不同维度特征对图书销售的知晓效应、说服效应影响,以及图书类型等其他因素对在线评论与销售绩效关系的调节效应影响,依据分析结论提出了图书在线评论营销策略,为出版企业进行市场洞察和制定营销策略提供有益的理论指导与实证依据。

专著《学术出版的知识服务研究》以用户的知识需求为切入点,在分析学术出版机构知识价值链、学术出版机构与用户之间的知识供应链、用户自身的知识价值链的基础上,设计构建了集知识管理、增值、服务为一体的学术知识营销服务平台,并评价论证出最优的功能模块、运行机制、支撑环境。从知识链的角度展开分析,为研究学术出版的价值,增强学术出版知识服务的可行性、有效性提供了有价值的参考。

　　根据出版传媒业转型发展对于学校科技服务及人才培养提出的新要求，上海出版印刷高等专科学校当前正在推进以提升办学层次、建设"特色性应用技术型本科院校"为目标的改革实践。"出版传媒教育改革与前沿理论"重大战略出版工程项目的实施，是学校开展相关改革探索的重要载体，也是深化理论研究的平台。衷心希望上海出版印刷高等专科学校通过承接国家和上海市更多的类似项目，加强教育改革深层次问题研究、推进行业发展共性与前沿问题的探索，营造更好的学术研究氛围，务实推动学校的师资建设、办学水平再上新台阶，为提高出版传媒人才培养质量，推动上海国际文化大都市建设，推动我国出版传媒业的转型升级做出新的更大贡献！

全国人民代表大会教育科学文化卫生委员会主任委员

柳斌杰
2016.4.6

前　言

随着 Web2.0 技术的产生和发展，互联网平台上企业和用户之间互动行为的增强为企业更实时地进行网络舆情采集、更微观地洞察顾客需求并制订精准营销策略提供了前所未有的机遇。2012 年，被誉为"大数据商业应用第一人"的维克托·迈尔·舍恩伯格在其著作《大数据时代》中前瞻性地指出"大数据带来的信息风暴正在变革我们的生活、工作和思维，大数据开启了一次重大的时代转型"。全球顶尖管理杂志《哈佛管理评论》以大数据为主题带动了学术界对大数据时代企业管理的预测和探讨。国内学者从管理学的角度探讨了大数据背景下商务管理领域的 3 个重要研究视角：社会化的价值创造、网络化的企业运作和实时化的市场洞察。大数据时代的到来由互联网用户创造的海量数据使得对网络口碑的经济价值进行科学的量化研究成为可能。作为一种重要的网络口碑形式，在线评论已经成为企业和消费者决策的重要信息来源，相关研究也成为理论界关注的焦点之一。目前，关于在线评论的研究体现了跨学科性和多视角性，已有文献分布于心理学、社会学、图书情报学、计算机科学、营销管理学、传播学等不同学科领域，研究视角体现了社会行为心理学视角、计算机应用视角、营销管理视角等。针对在线评论对企业和消费者产生怎样的影响以及如何产生的问题，一些学者对在线评论口碑效价的经济价值进行了实证研究，通过建立回归模型或结构方程模型考察了在线消费者评分、评论数量和销售情况的关系。由于受到商品质量、价格等其他因素的影响以及模型的适用性等问题，现有的实证研究结论差异较大。

针对图书在线评论经济价值量化问题,揭示图书在线评论对销售绩效的影响机制,研究内容分布在如何更深刻地揭示在线评论对图书销售影响的关系及其作用机制以及提出书业营销管理策略和图书产品设计建议等方面。从管理学的角度,采用问题导向的研究思路,运用情感分析技术和统计计量学方法,探索图书在线评论的影响机制和营销管理策略,有利于大数据背景下商务管理研究的深入和发展。运用和创新中文在线评论情感分析技术挖掘图书特征和消费者态度等维度信息,基于假设驱动和数据驱动相结合的研究手段分别从静态视角和动态视角研究图书在线评论对销售的影响,并结合实际探讨这种效应的其他影响因素。以往关于网络口碑的实证研究主要采取线下问卷调查的方式,样本的数量和准确性方面均存在不足。图书在线评论不同于传统的采用问卷设计的调查方式,它完全是由用户出于自己的意愿、兴趣自由发表的以文本、图片、视频、音频等形式呈现的观点,不需要市场调查者刻意地设计问卷的题项加以引导。以图书在线评论为研究对象,将在线消费者评论对产品销售影响的营销管理研究拓展到图书领域,丰富了在线评论相关理论研究。

本书研究内容共分 10 个部分:第 1 章即绪论,阐述了研究背景和意义,设计了研究思路及方法,分析了图书电子商务网站的在线评论结构和特点,对国内外典型阅读社交网络进行了比较分析,对出版业大数据的特征、类型进行梳理,分析了读者行为研究的大数据模型架构和大数据应用方向;第 2 章对国内外已有的图书在线评论与销量关系的实证研究进行了系统归纳和总结,旨在为研究者进行规范的实证研究提供逻辑基础,对在线评论观点挖掘方法进行了文献回顾和述评,为方法研究提供了解决问题的思路;第 3 章提出了图书领域本体构建方法,提出了图书在线评论方面情感分类的方法,构建了图书在线评论文本挖掘原型系统体系架构和功能模型,并验证了平台的可用性;第 4 章对在线评论的知晓效应和说服效应进行了实证设计,以图书重要细分市场产品之一的童书为研究对象,采用横截面数据,实证检验了图书在线评论与销量的关系;第 5 章实证分析了图书热门程度对在线评论与销售量的调节效应,通过构建回归方程模型进行回归分析,检验了图书热门程度对亚马逊网站图书在线评论与销售量关系的调节效应;第6章基于面板数据实证检验了图书在线评论的评论数量、评论效价、评论差异以及图书所处生命周期对销量的影响机制,并分析了不同类型图书的在线评论生命周期动态变化;第7章从负面在线评论的定义和维度分析出发,对于负面在线评论如何作用于网络口碑传播效果的相关研究进行了梳理和归类,探讨了负面在线评论的管理策略;第8章结合在线评论观点挖掘结果和相关管理理论,梳理总结了图书在线评论对销售的影响机制,并结合当下的新媒体环境提出了利用图书在线评论销售图书的策略;第9章开展图书在线评论数据挖掘的应用研究,提出了在线评论数据挖掘视角下的书籍设计流程,通过图书在线评论文本挖掘原型系统对内容设计、形式设计、设计延展性和情感倾向等方面进行了实证分析;第10章为研究的结论与展望,总结了本研究开展的主要工作及取得的主要研究成果,指出了下一步的研究方向。

目 录

总序　　　　　　　　　　　　　　　　　　　　　001
前言　　　　　　　　　　　　　　　　　　　　　001

第1章　绪论　　　　　　　　　　　　　　　　　001
　1.1　研究背景、目的和意义　　　　　　　　　001
　1.2　研究内容、思路及方法　　　　　　　　　002
　　　1.2.1　研究内容　　　　　　　　　　　　002
　　　1.2.2　研究思路及方法　　　　　　　　　004
　1.3　图书在线评论信息源研究　　　　　　　　005
　　　1.3.1　图书电商网站　　　　　　　　　　007
　　　1.3.2　阅读社交网络　　　　　　　　　　011
　1.4　读者行为挖掘与分析的大数据技术及应用　019
　　　1.4.1　读者行为挖掘与分析研究现状　　　019
　　　1.4.2　面向读者行为分析的大数据技术　　021
　　　1.4.3　基于读者行为挖掘的大数据技术应用实践　023
　　　1.4.4　结论　　　　　　　　　　　　　　026
　1.5　本章小结　　　　　　　　　　　　　　　027
第2章　相关研究文献回顾及述评　　　　　　　028
　2.1　图书在线评论与销售绩效关系实证研究文献综述　028

  2.1.1 图书在线评论的测度 029
  2.1.2 图书在线评论与销售绩效关系研究 031
  2.1.3 结论 038
 2.2 在线评论观点挖掘方法研究文献综述 039
  2.2.1 在线评论观点挖掘方法研究 039
  2.2.2 方面级观点挖掘方法研究 042
 2.3 本章小结 047
第3章 图书在线评论观点挖掘方法研究 048
 3.1 图书在线评论的语料库构建 048
 3.2 面向图书在线评论的领域情感词典构建 049
 3.3 图书领域本体构建方法 051
  3.3.1 本体的概念与分类 051
  3.3.2 图书领域本体构建 054
 3.4 方面情感分类方法 070
  3.4.1 在线评论预处理 070
  3.4.2 方面标注 071
  3.4.3 情感词与情感短语标注 072
  3.4.4 情感极性分析 072
  3.4.5 程度词标注 074
  3.4.6 否定词标注 074
  3.4.7 情感强度分析 075
  3.4.8 标点标注 076
  3.4.9 修辞句标注 076
  3.4.10 方面情感聚合 077
  3.4.11 句子级情感分析 077
 3.5 图书在线评论文本挖掘原型系统研究 078

	3.5.1 体系架构	078
	3.5.2 系统功能模型	079
	3.5.3 实证分析及结果	081
3.6	本章小结	083

第4章 基于横截面数据的图书在线评论对销售绩效的影响研究   085

4.1	研究假设提出	085
	4.1.1 图书在线评论维度	085
	4.1.2 在线评论的知晓效应	086
	4.1.3 在线评论的说服效应	088
	4.1.4 评论差异	088
4.2	研究变量选择	090
	4.2.1 评论影响过程的控制变量选择	090
	4.2.2 数据描述	090
4.3	实证研究及结果分析	099
4.4	结论和启示	114
4.5	本章小结	115

第5章 基于调节效应的图书在线评论对销售绩效的影响研究   116

5.1	文献回顾	117
	5.1.1 在线评论对销量影响的调节效应研究	117
	5.1.2 商品热门程度的调节作用	118
5.2	研究框架与假设提出	122
	5.2.1 研究框架与概念模型	122
	5.2.2 研究假设	124
5.3	实证研究及结果分析	127
	5.3.1 模型设定	127
	5.3.2 实证结果分析	129

5.4 结论与启示 134
5.5 本章小结 136

第6章 基于面板数据的图书在线评论对销售绩效的影响研究 137
6.1 研究假设提出 139
 6.1.1 在线评论基本维度对销量的影响作用 139
 6.1.2 产品生命周期的调节作用 139
6.2 数据来源 143
6.3 图书生命周期的定义与图书分类 148
6.4 实证研究及结果分析 150
 6.4.1 模型设定 150
 6.4.2 实证结果分析 151
6.5 结论 156
6.6 本章小结 157

第7章 负面在线评论对图书销量的影响研究 158
7.1 负面在线评论 158
 7.1.1 负面在线评论的定义 158
 7.1.2 负面在线评论的维度 160
 7.1.3 负面在线评论对销售的影响研究 161
7.2 负面在线评论管理策略研究 164
7.3 本章小结 166

第8章 大数据背景下在线评论在图书销售中的策略分析 167
8.1 图书在线评论影响销售的机制分析 167
8.2 利用在线评论向读者销售图书的策略 168
 8.2.1 在线实时监测读者发表的图书在线评论 169
 8.2.2 鼓励购买者发表真实的图书在线评论并给予相应的评论回报 170

		8.2.3 重视负面评论管理并以此为契机提高图书质量	172

        8.2.4 充分利用社群用户评论的口碑效应进行图书营销   173

  8.3 结论   174

  8.4 本章小结   175

第9章 在线评论数据挖掘视角下的书籍设计研究   176

  9.1 基于图书在线评论的书籍设计需求分析   176

  9.2 图书在线评论中的设计要素分析   178

  9.3 实证研究   181

        9.3.1 框架设计   181

        9.3.2 实例计算与结果分析   181

  9.4 本章小结   185

第10章 研究的结论与展望   186

  10.1 研究的主要结论   186

  10.2 研究的局限性及进一步研究展望   189

第 1 章
绪　　论

1.1　研究背景、目的和意义

　　图书在线评论主要是用户在网络平台上所发表的关于图书读后感、图书内容评论、消费经历、满意度、服务质量等相关的内容。大数据时代的到来，由互联网用户创造的海量数据使得对在线评论的经济价值进行科学的量化研究成为可能。面向海量的、多源的、多维的中文图书在线评论的数据挖掘是分析用户阅读行为的一种有效途径，是实现图书在线评论从数据到知识再到决策的价值发现的一种重要手段。随着在线评论的数据采集工具和数据挖掘方法的发展，使在线评论经济价值量化研究可以成为一个具有实证基础的社会科学研究方向。

　　在线评论经济价值量化研究旨在了解在线评论对网上书店销售绩效的总体价值，探寻在线评论影响的一般性规律，弄清在线评论对销售绩效是如何影响的，包括从消费者总体购买行为层面研究在线评论的哪些维度存在影响、影响更大？在线评论的影响是否会随时间推移而发生变化？在线评论对销售绩效的影响是否受到商品类别的调节作用？从数据挖掘技术层面研究如何分析在线评论数据并提取出重要信息？对这些问题的回答可以帮助网上书店认清在线评论管理的必要性、应该关注在线评论的哪些维度、在什么恰当时间对在线评论进行管理以及是否有必要对某类商品的在线评论加以重视和重点管理；了解通过何种途径获得消费者对图书产品的情感倾向，为网上书店充分利用在线评论实现销售增长提供更为宏观的指导。借鉴管理学、图书情报学、计算机学、语言学的在线评论相关理论成果，对书评文本的认知将深化对用户在线行为和书评价值的认识。通过在线评论数据挖掘理论和方法及其在图书领域的应用研究，寻找隐藏在书评数据之中的具有预测、决策功能的数据模式，提供用户关注的产品方面和情感倾向分布，为书评价值的开发与利用提供一定的实践方向和发展参考。通过对图书在线评论的经济价值量化研究，揭示在线评论对销售绩效的影响机制，有助于为网上书店和出版商制订精准营销管理策略和改进产品设计提供参考。

1.2 研究内容、思路及方法

1.2.1 研究内容

本研究通过图书在线评论的数据挖掘方法和计量统计模型，分析图书业消费者行为特征及其与出版商的交互行为，研究在线评论对图书销售的影响以及出版企业如何根据实证结果制订网络营销策略等关键问题。根据研究设计要求，我们将针对以下4个方面展开研究：

（1）图书在线评论观点挖掘方法研究　从观点挖掘技术出发，直接从在线评论文本中挖掘消费者的情感倾向，为本文后续实证研究提供基础和前提。研究对象不再限于少数电子商务网站提供的客户评分，互联网上的任何文本信息都可能成为消费者意见的来源。本研究借鉴已有在线评论观点挖掘的方法和手段，以大型图书网站提供的实时数据为研究对象，提出面向中文的在线评论观点挖掘方法，挖掘在线评论中涉及的图书特征和消费者态度等主要维度信息,研究图书在线评论观点挖掘的应用等,拓展在线评论特征分析的方法。

(2) 基于横截面数据的图书在线评论对销售绩效的影响研究 以截面数据为样本,分析图书在线评论特征如评论的数量、评论效价、评论方差、产品生命周期等因素对图书销售的影响。考虑到内生性,在横截面分析模型中加入价格、图书类型、出版时间等作为控制变量,在对主要变量进行相关分析的基础上建立计量模型,基于相关理论背景提出假设,利用合适的模型进行验证,研究在线口碑效应的影响因素。

(3) 基于面板数据的图书在线评论对销售绩效的影响研究 相对于横截面数据而言,面板数据建模能控制不同个体间的差异,能更准确地反映不同时间段图书在线评论对销售绩效影响的动态变化。基于此,本部分旨在克服相关研究在建模过程中存在的问题,尝试实时采集图书生命周期不同阶段的数据,在面板数据环境下分析图书在线评论与图书销售的关系,以揭示在线口碑效应对消费者购买行为的影响机制,检验不同数量、不同情感倾向的在线评论影响的差异性及其随时间变化的动态性。

(4) 基于图书类型划分的图书在线评论对销售绩效的影响研究 根据已有文献研究成果和结论,以图书作为体验型商品的代表,分析图书热度等其他因素对在线评论与销售绩效关系的调节作用,检验在线评论数量、评论效价、评论方差对不同热度的图书是否具有不同的影响。这对于商家调整营销方向、优化营销策略等具有重要的实践意义。

(5) 基于图书在线评论实证分析结论的评论管理策略研究 将以上实证研究成果用于我国网上书店的网络口碑营销策略分析,研究图书出版商如何利用在线评论的反馈机制中揭示的消费者需求特点和变动趋势进行营销策略制订研究;研究企业管理者针对负面口碑采取何种补救措施及补救措施的有效性等。

1.2.2 研究思路及方法

本研究在研究方法上采用的是跨学科的研究方法,综合运用文本挖掘技术、传播学、营销学、管理学等各种理论,在已经开展的大量基础研究工作之上,对图书在线评论进行理论和实践两个方面的研究。具体研究方法表述如下:

(1)文献研究法　有关在线评论的文献为将要展开的研究提供了强大的理论基础,在在线评论的问题研究中实现对现有研究成果的创新与超越,必须重视对文献的研究。

(2)数据挖掘分析法　利用文本挖掘技术、网页信息抓取技术、情感分析技术等网络信息提取挖掘技术对在线评论进行文本特征和属性分析。准确的数据挖掘分析是后续实证研究的基础。

(3)统计计量分析法　利用SPSS等统计软件对收集到的样本数据进行统计分析,并通过相关分析、多元线性回归方法、面板数据建模与估计技术等统计计量学方法检验提出的假设是否成立。

(4)规范研究与实证分析相结合　首先基于理论驱动对在线评论基础理论进行研究,在此基础上开展在线评论对销售影响的实证研究,实证研究中基于数据驱动分别从横截面建模和面板数据建模两方面进行研究;然后,结合我国网上书店的实际情况研究评论管理策略,使本研究的主要研究结论既具有前瞻性,又具有较强的可操作性。

本研究采用问题导向的研究思路:通过文献观点和实证依据的总结梳理,提出不同研究视角下的具体问题,并进一步分解为研究问题;基于在线评论相关理论提出研究假设,针对已有研究方法存在的不足,提出新的情感分析方法;利用采集的实时在线评论数据进行实证研究,在实际环境下验证方法的效果,完成数据分析过程并得出结果,解答各个研究问题;对数据处理结果进行讨论、分析和做出结论,给出营销管理层面上的启示。问题研究沿着"提出问题→理论假设→搜集数据→方法研究→实证分析→结论建议"的思路进行。

整个研究过程分为3个阶段,分别为文献分析与理论研究阶段,数据收集、在线评论分析、计量模型实证阶段,对策研究阶段。

在文献分析与理论研究阶段,通过查阅国内外文献特别是本课题研究相关的国外文献和近10年的文献,进行较为完整的收集、跟踪和梳理。对现有的图书在线评论与销量关系的实证研究进行了系统的归纳和总结,明确并确立图书在线评论研究的理论基础。

在数据收集、在线评论分析、计量模型实证阶段,研究图书在线评论的情感分析等文本挖掘方法。采用火车采集器等软件对图书电商网站的图书在线评论进行大样本的数据抓取,用 ROST 软件实现对在线评论文本的分词以及词频统计,用统计学方法和 SPSS 软件对图书在线评论作了统计学分析,建立销售绩效与图书在线评论变量的影响关系。

在对策研究阶段,针对实证研究得出的结论,依据相关理论完成图书在线评论管理策略研究,对如何进行在线评论管理与图书销售管理提出对策建议。在此基础上,开展图书在线评论数据挖掘的应用研究。

1.3 图书在线评论信息源研究

从商品领域来看,商品评论的内容挖掘研究多集中在电子产品[1]、汽车[2]等搜索型商品领域,这些商品评论的形式较为简单,并且具有较

---

[1] 李实,叶强,李一军,等.中文网络客户评论的产品特征挖掘方法研究[J].管理科学学报,2009,12(2):142—152.
[2] 沈璐,庄贵军,郭茹.复杂型购买行为模式下的在线购买意愿:以网购汽车为例的网络论坛扎根研究[J].管理评论,2015,27(9):221—230.

明显的、便于归纳的模式。图书是一种典型的体验型商品,图书的内容质量只能通过读者的阅读体验感知,个性化特征较其他商品领域的在线评论更为明显,因而面向图书在线评论的研究具有一定的前沿性。从信息来源来看,书评发表于不同的平台,这些平台包括图书电商网站(如当当、亚马逊等)、读书社区(如新浪读书、豆瓣等),还有更多其他发表评论的平台(如微博客、各种论坛等)。不同渠道获取的书评具有各自所属的平台特点:如在当当、亚马逊图书电商网站上发表的评论更倾向于图书装帧、印刷质量等形式内容;而在读书社区、论坛等平台上发表的评论更多的是体现读者对图书思想性的关注;等等。然而,目前的书评研究大多基于特定的单一信息源进行研究,如基于美国亚马逊网的书评经济价值挖掘[1][2]和英文书评内容挖掘[3],基于当当网的中文书评内容挖掘[4],基于微博平台的产品评论挖掘[5],鲜见对于多信息源书评信息聚合研究的文献。从中英文书评来看,中英文书评在语言结构[6]、分词方法、情感词典[7]、语料库等方面存在差异,针对英文书评的内容挖掘方法不一定适用中文书评,因而面向中文书评的观点挖掘研

---

[1] CHEN P-Y S, WU S-Y, YOON J. The impact of on line recommendations and consumer feedback on sales[C]//Proceedings of International Conference on Information Systems (ICIS), 2004: 711—724.

[2] CHEVALIER J A, MAYZLIN D. The effect of word of mouth on sales: Online book reviews [J], Journal of marketing research, 2006, 43(3): 345—354.

[3] 祝振媛.基于信息分类的网络书评内容挖掘与整合研究[J].图书情报工作, 2016,60(1):114—124.

[4] 张丽,张蕾,张阳,等.基于中文分词和词频统计的图书在线评论文本分析[J].信息系统工程,2011(7):71—73.

[5] 史伟,王洪伟,何绍义.基于微博情感分析的电影票房预测研究[J].华中师范大学学报(自然科学版),2015,49(1):66—72.

[6] 王洪伟,郑丽娟,尹裴,等.在线评论的情感极性分类研究综述[J].管理评论, 2012,30(8):1263—1271.

[7] 郭顺利,张向先.面向中文图书评论的情感词典构建方法研究[J].现代图书情报技术,2016(2):66—74.

究具有一定的研究空间。从信息获取方法来看,学者们大多采用自编程序的方式采集评论数据,也有一些学者利用豆瓣网提供的 API 书评接口获取数据①,或者利用火车采集器软件包采集中关村在线和京东商城的手机评论数据②。该方面的研究趋势是将公开可获得的多源中文书评进行自动爬取、数据预处理和数据关联,这也是实现多源中文书评聚合利用的基础和前提。综上所述,不同商品领域的在线评论在内容形式、用户感知等方面差异较大;不同信息来源平台上的图书在线评论在数据数量与质量上具有明显差别,并且在用户关注点和情感表现等方面也存在较大差异,但是都从不同的维度和视角包含了图书的有价值的信息;中英文书评在语言结构、分词方法、情感词典、语料库等方面存在差异;存在多种信息获取方法。

1.3.1 图书电商网站

亚马逊网、当当网等图书电子商务网站都建立了在线评论系统,吸引并鼓励消费者发表商品评论。中国互联网络信息中心 2014 年统计报告显示,31.4%的消费者会选择通过网络渠道购买图书音像制品。消费者为了规避风险,常常利用在线评论进行购物决策。2013 年中国网络购物市场研究报告指出,用户评价在现阶段的网络购物决策中占据主导地位,37.5%的网购用户在决策时主要考虑因素为用户评价,其次是网站知名度和口碑。还有很大一部分消费者在线下实体店购物前会参考线上消费者评论来降低购物决策的风险。消费者通过搜索和阅读其他消费者发表的评论以及评分,可以更加全面地了解产品的相关

---

① 陈宇亮,沈奎林.基于读者评论的图书推荐系统研究[J].图书情报导报,2016, 1(9):6—9.
② 蔡淑琴,蒋士森,GDOLLEOLLE,等.基于在线客户评论的客户细分研究[J].管理学报,2015,12(7):1059—1063.

信息和消费者群体的评价，了解其他消费者的体验感受和想法，从而更快捷、更准确地寻找到所需商品，做出正确的购买决策。当消费者商品使用过程中遇到问题，还可以通过查看该商品的评论和商品问答交流使用经验和寻找相应的解决方法。

亚马逊网上的在线评论由已购买该书的用户或登录用户发表评论并给出星级评分，如图1-1所示。亚马逊网用户评论信息包括评论标题、星级评分、评论内容、评论时间、评论者用户名、版本信息、已确认购买信息及评论有用性投票，如图1-2所示。网站对用户发表的商品评论进行统计后，列出各星级评论数、平均星级评分、最有帮助的好评和最有帮助的差评，如图1-3所示。亚马逊网商品详情列表包括出版社、平装、语种、开本、ISBN、条形码、商品尺寸、商品重量、品牌、ASIN、用户评分、亚马逊热销商品排名、编辑推荐、媒体推荐、作者简介、目录、序言、后记、文摘等。亚马逊网还提供图书累计销售排名和各类图书排行榜信息。

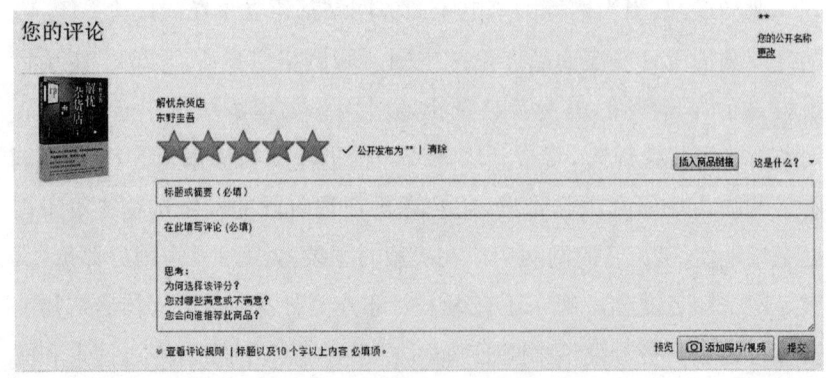

图1-1　亚马逊网用户发表评论窗口

当当网上的在线评论由用户购买后发表评论并给出星级评分，如图1-4所示。当当网用户评论信息包括星级评分、评论内容、评论时间、评论者用户名、评论标签及评论者的级别，如图1-5所示。其中，

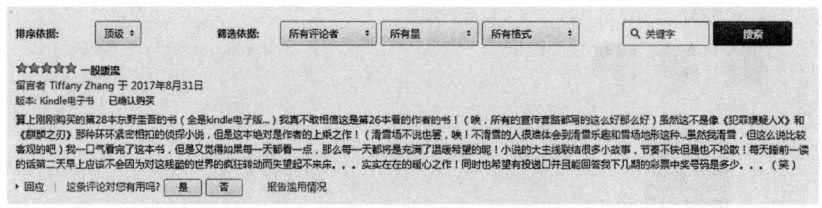

图1-2 亚马逊网用户评论列表

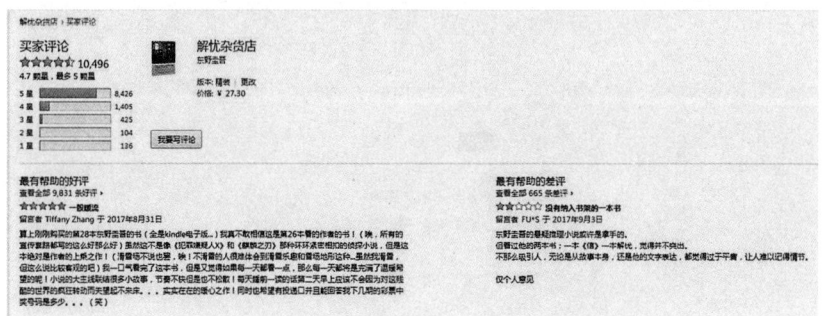

图1-3 亚马逊网用户发表评论统计结果

评论者的级别分为普通用户、白银用户、黄金用户和钻石用户,评论者级别越高,其评论的可信度也相应较高。用户有权选择是否采用匿名的方式发表评论,匿名评论时用户名以"***"替代。网站对用户发表的商品评论进行统计后,给出好评论率和评论标签统计结果信息,列出全部评论、好评、中评、差评、晒图5个方面的评论数,如图1-5所示。当当网商品详情列表包括版次、页数、字数、印刷时间、开本、纸张、印次、包装(装帧方式)、丛书名、ISBN、所属分类、编辑推荐、内容推荐、作者简介、目录、前言、媒体评论、在线试读部分章节、书摘与插画、当当童书(或小说等)榜排名、作者、出版社、出版时间等。当当网商品问答列表针对用户的提问分别采用商家回复和其他用户回复两种方式给出答案,如图1-6所示。当当网还提供各类图书的往年、当年各月度、近24小时、近7日、近30日的TOP500销售排行榜。

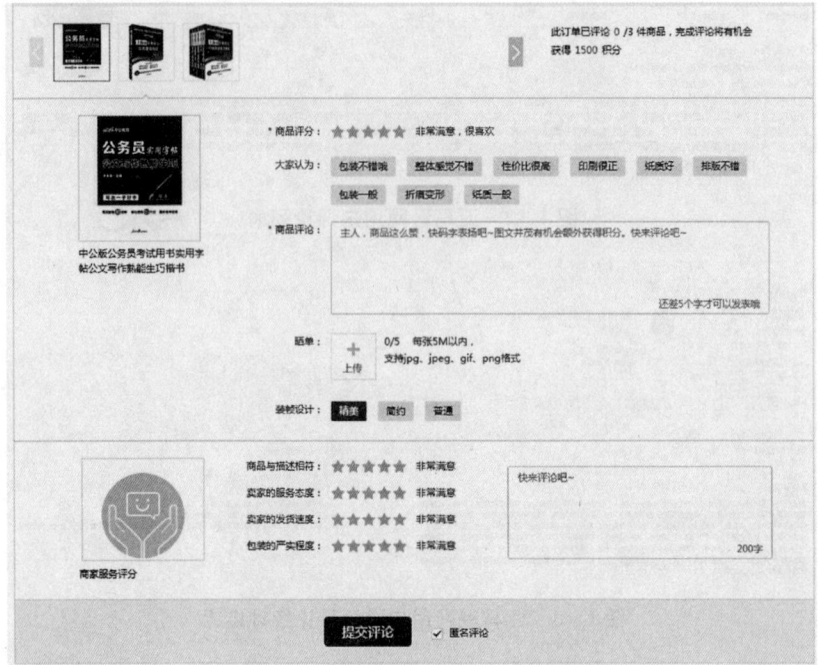

图 1-4　当当网用户发表评论窗口

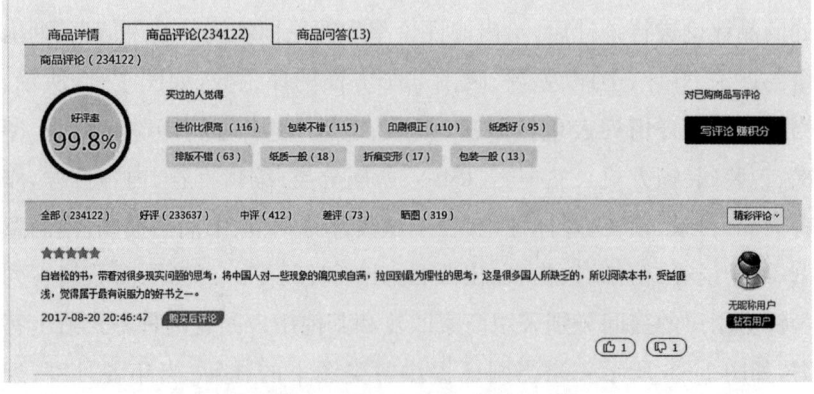

图 1-5　当当网商品评论信息列表

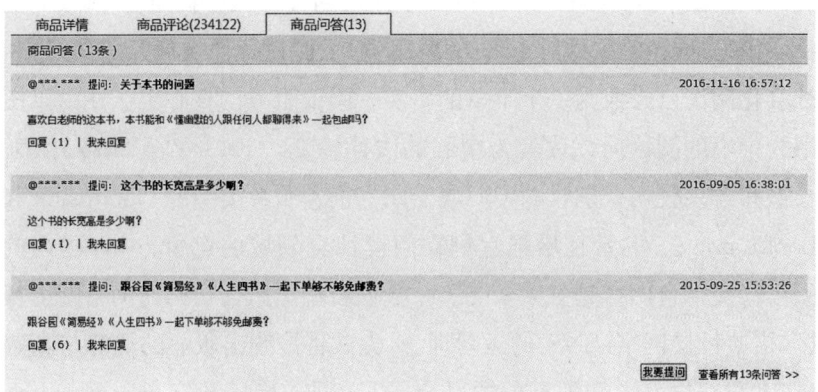

图 1-6 当当网商品问答信息列表

图书电子商务网站的评论信息存在四大特点：第一，发布者都是已购买或已登录的消费者，发表的评价多是购买该商品的心得体会等，进行同类商品间比较的评论较少；第二，消费者购买商品后进行评论时，其感受到的不仅仅只针对商品，还包括在购物前、购物中及购物后对商家的感受、发货速度、服务态度及售后服务等，并且评论信息直接显示在该店铺该商品的下方，对消费者购买决策影响很大；第三，由于买家收到货后需要上网确认，而评论是紧接着确认收货的下一个环节，并且一些电子商务网站对于用户的评论会给予相应积分奖励或评论者的级别奖励，部分消费者为了追求经济或网络地位的回报发布毫无建设性意见的评论；第四，在线评论多关注于印刷、装帧等图书形式和物流配送等商家服务方面，较少涉及思想性等图书内容。

1.3.2 阅读社交网络

Web2.0 时代，图书与读者之间的纽带不仅仅是阅读，读者还希望在阅读过程中能与志趣相投的人分享阅读体验、探讨共同感兴趣的话题等。为了使用户的需求得到更好的满足，尝试将社交与阅读进行融合的创新性平台。早在2011年,知乎网络问答社区中就围绕"阅读需要社会化吗"这样的主题对未来的阅读进行了探讨。而仅仅几年的时间,社会化阅读已经成为一个不争的事实。阅读服务的核心也正在由以图书为中心的阅读向以读者为中心的阅读转变。2013年至2014年,亚马逊和苹果公司分别收购了同属于图书推荐服务类型的Goodreads和BookLamp公司,旨在增强它们在阅读社交领域的竞争力①。国内的阅读社交平台同样是方兴未艾。一些创新型出版公司构建网络阅读社区,借鉴社交网络(SNS)的运营理念,尝试将传统出版业的优势与新媒体、大数据技术进行了有效的融合。2012年,中国数字出版网——大佳网旗下的国内首家社交型阅读社区"书客"诞生,该平台类似一个"生态圈",将作家、读者、评论者、图书等要素构建成交叉性网络,以增强阅读的互动与社交性②。随后,豆瓣阅读、微信读书等阅读社交类社区、APP也应运而生。它们将社交元素融入平台功能改善和用户体验的过程中。比如,2015年才正式上线的微信读书APP基于微信朋友圈的社交关系链,将阅读行为与社交行为进行了融合,这种强关系让阅读社交变得真实而生动,使用户感觉"阅读不再孤单"。可以预见,在图书阅读、网络出版中融入社交、互动内容将成为数字阅读的未来发展趋势。本文将从阅读社交网络的概念出发,探讨阅读社交网络的结构要素与应用价值,并选取国内外具有代表性的阅读社交网络进行比较、分析,为阅读社交网络的应用及研究提供参考和启示。

1.3.2.1 阅读社交网络的概念

社交网络即Social Network Service,早期解释源于1967年哈佛大学心理学教授斯坦利·米尔格拉姆(Stanley Milgram)创立的六度分

---

① 徐丽芳,池呈. 基于图书"基因"的阅读推荐:BookLamp[J]. 出版参考,2015(13):18—19.
② 钟华生. 全新"书客"倡导品质阅读[EB/OL]. [2016-05-22]. http://www.dajianet.com/digital/2012/0522/ 187476.shtml.

割理论,是一种基于用户之间社会网络和社会关系的连接。而阅读社交网络是社交网络在图书出版数字化、阅读社会化形态中的一个应用分支。近10年来,无论是国内还是国外,阅读社交网络不断兴起并日趋繁荣,"社交网络＋数字化阅读＝?"这种社交网络和数字化阅读的结合能否为读者带来更优化的阅读体验、满足读者多元化的需求?这个问题需要学术界和业界人士共同思考和探讨。

  国内外研究者虽然针对阅读社交网络展开了相关的研究,但鲜见有学者对此概念进行定义。根据现有文献,与"阅读社交网络"关系比较紧密的概念有"社会化阅读""泛在阅读"等。陆小华在《社会化阅读观:信息化生存时代的数字化分享阅读》一书中强调了社会化阅读的重要特征,使用了诸如"分享""互动""基于用户产生的内容(UGC,user generated content)""共建平台"等关键词[1]。毕秋敏等在《移动阅读新模式:基于兴趣与社交的社会化阅读》一文中认为社会化阅读的"内容"是核心,"社交"是纽带,是一种新兴的移动阅读模式[2]。詹恟和康梅花在《社会化阅读社区对数字出版的影响研究》一文中则强调了社会化阅读中用户"兴趣选择"的特点[3]。此外,"泛在阅读"(ubiquitous reading)是近两年在出版领域文献中出现频率较高的一个概念,其中,"泛在"这个概念由马克·维瑟(Mark Weiser)博士于20世纪90年代提出,意思是"广泛存在,无所不在"。早期多用于通信领域,如"泛在计算""泛在网络"等,后逐渐扩展到其他领域,如"泛在学习""泛在阅读"等。莫启仪在《从国外阅读社交网站看泛在阅读》一文中将"泛在阅读"定义为"利用现代信息环境,用户自主随机阅读和学习的方式",认为阅

---

[1] 陆小华.社会化阅读观:信息化生存时代的数字化分享阅读[M].北京:清华大学出版社,2010.
[2] 毕秋敏,曾志勇,李明.移动阅读新模式:基于兴趣与社交的社会化阅读[J].出版发行研究,2013(4):49.
[3] 詹恟,康梅花.社会化阅读社区对数字出版的影响研究[J].现代出版,2013(5):76—77.

读社交网络是泛在阅读的重要工具①。上述几位学者尽管没有对阅读社交网络进行明确的定义,但都将web2.0技术理念融入相关概念的描述之中,均强调服务和内容由用户生成,社交网络作为社会化阅读的基础,体现了阅读社交网络作为知识服务提供者的角色。

综上所述,本章将阅读社交网络定义为:以促进阅读分享、知识交流和扩散为目的,能够帮助读者构建并维护其人际关系网络,同时能够支持他们在阅读过程中搜寻图书、共享笔记、发表书评、推荐优质图书等活动的服务或者平台。为了更好地理解阅读社交网络的功能定位及主要特点,本章将传统阅读平台与阅读社交网络的特征属性进行了比较,如表1-1所示。

表1-1 传统阅读平台与阅读社交网络的比较

特征属性	传统阅读平台	阅读社交网络
技术理念	Web1.0	Web2.0
传播模式	发布—浏览	共建—共享
内容呈现形态	网页	评论、记录、帖子等微内容
浏览方式	浏览器	浏览器、阅读器、移动终端
内容创建者及主导者	网页技术专家	用户
典型代表	起点中文网等门户网站	微信读书等应用程序

由表1-1分析可知:阅读社交网络从读者被动地接收信息向主动地搜寻信息、共同创造内容转变;内容呈现形态和阅读终端由单一化向多元化转变;读者的地位逐渐向用户转变。阅读社交网络整合了社交网络服务与读书功能,为读者用户提供在线图书资源、阅读过程支持及其他多元化需求的服务等功能,契合了新一代读者群体的时代特征,满足了读者利用不同终端实现深度阅读与碎片化阅读等不同场景的阅读需求。

---

① 莫启仪.从国外阅读社交网站看泛在阅读[J].新世纪图书馆,2015(5):17—20.

1.3.2.2　阅读社交网站的应用价值

阅读社交网络体现了两种应用价值。

第一，采用社交的手段提升阅读质量，满足用户的个性化需求。社交阅读机制就是基于读者用户的趣缘群体特征、社交行为等相关关系设计的推荐算法将读者与其感兴趣的图书进行匹配，实现精准推送。

第二，采用阅读的手段扩展社交圈，满足用户的社会化需求。在满足读者用户个性化阅读需求的同时，社交则满足了读者用户的社会心理需求。这种"阅读＋社交"的平台构建模式本质是属于"内容＋关系"的模式，更加贴近读者的动态、多维度需求。

1.3.2.3　国内外典型阅读社交网络的比较

本文借鉴社交网络中的"强关系—弱关系"理论，按照读者与书的互动频率以及读者之间的关系紧密程度，将阅读社交网络分为强关系型阅读社交网络与弱关系型阅读社交网络两种类型。为比较具体的阅读社交网络，更清晰地挖掘国内外不同阅读社交网络的模式，本文根据阅读社交网络的目标用户、关系特征、产品定位、功能服务等因素对目标网络进行比较分析。选取的 4 家代表性的样本是豆瓣读书（注：因考虑到豆瓣读书网页版的功能较豆瓣读书 APP 更全面，本文的分析对象特指豆瓣读书网页版）、微信读书、Jellybooks 以及 Goodreads，如表 1-2 所示。

表 1-2　国内外典型阅读社交网络比较分析

社交阅读网络	目标用户	关系特征	产品定位	功能服务
豆瓣读书	文艺青年、学生、专业从业者、评论家等，女性居多	弱关系	文艺，汇集用户的阅读趣味，贴近生活化的社交	1. 支持电子书在线阅读和下载； 2. 与各大网店合作销售纸质书； 3. 书评方面做了短评与长评分类

续 表

社交阅读网络	目标用户	关系特征	产品定位	功 能 服 务
微信读书	有电子书阅读需求并对图书品质要求较高的微信用户	强关系	微信好友间的分享式阅读,让阅读不再孤独	1. 微信好友分享图书; 2. 提供专题书单; 3. 撰写书评; 4. 显示实时阅读人数; 5. 制作个人书架; 6. 免费,阅读时长可兑换钱币
Jellybooks	重视图书推荐精准度、重视图书推荐是否人性化的读者	弱关系	突破畅销榜,发现冷门好书	1. 模拟书店体验,大图书封面布局和连续滚动页面; 2. 通过追踪个体用户信息向单位读者推荐专属图书; 3. 记录阅读体验,不局限于书评; 4. 按个人参与情况提供不等的购买折扣
Goodreads	高阅读量的爱书者,专业志愿者编辑	弱关系	盈利为主的书评网站	1. 与图书馆、商城实行图书信息共享; 2. 更具专业的书评推荐; 3. 依靠推荐引擎推荐图书; 4. 名作家在线问答环节

注:表中内容系根据网络公开的资料整理。

(1) 强关系型阅读社交网络　　与豆瓣读书、Jellybooks 以及 Goodreads 等平台相比较,微信读书得益于微信真实、紧密的社交关系链,可以算作一种强关系阅读社交网络。在目标用户类型方面,微信读书提供的是有版权保护的高质量的电子书,因此,用户定位于有电子书阅读需求并对图书品质要求较高的微信用户。这款应用不仅提供了阅读、图书推荐等常规功能,还增加了好友赠书、社交互动、阅读PK等特色功能。这种强关系的阅读社交平台的特点是用户之间联系紧密,互动频率高,通过这样的思路强化用户的社交属性,提高用户黏性;因此,基于微信关系链的微信读书在这方面比其他的阅读社交平台更具有优势。然而,一个不容忽视的事实是,随着微信读书的朋友圈的扩大,好友间的关系会在原来的紧密型关系(如熟人社交)中加入一些松散型关系(如朋友的朋友等),那么,这种阅读社交平台也可能从"强关系"向"介于强关系与弱关系的中间形态关系"转变。

(2)弱关系型阅读社交网络 弱关系型阅读社交网络的用户之间关联性不强,为了保护隐私,用户往往采用匿名制,如豆瓣读书、Jellybooks和Goodreads。豆瓣读书是一种典型的且比较成功的弱关系阅读社交网络,用户量大,用户活跃度和黏性较高。豆瓣读书以图书为中心,为用户提供了整理已经阅读的图书、图书评论、图书购买等一系列功能。它的弱关系体现在用户与图书之间的互动虽较频繁,但平台用户之间的双向互动的交流较弱。通过研究发表书评人数、对书评进行回应的用户人数等指标,可以发现用户之间发表书评和回复书评的行为存在单向性。张云和茆意宏对豆瓣读书网站上的用户互动关系进行了实证研究,认为该平台的用户群体特征具有结构较松散、耦合度较低等特点,且社交功能不明显[1]。

Jellybooks是位于伦敦的一家创新型图书推荐公司,成立于2012年。该公司本质上是一家图书发现网站,其特色是利用大数据技术对读者的阅读行为进行跟踪、收集与分析[2]。目前,国内对读者阅读行为的分析主要是依靠集合的读者数据,这些数据往往无法观察到个体用户

---

[1] 张云,茆意宏.社会化阅读平台的用户互动关系探析——以"豆瓣读书"用户行为为例[J].情报理论与实践,2014(12):99—103.
[2] 安德鲁·龙贝格.Jellybooks:追踪读者阅读行为,为精准营销提供数据基础[EB/OL].[2016-12-28]. http://www.bookdao.com/article/95740.

行为以及个体用户之间的联系,以此为导向对读者进行图书推荐其局限性是显而易见的。读者的个性化需求无法满足,因为它总是把读者引到最流行的图书类别。而事实是,被大众青睐的图书不一定是高质量的,很多真正的好书无缘图书榜单。Jellybooks 公司创新了数据收集方式,大力追踪个体用户数据进行分析,使数据更加人性化、更具可靠性。

Goodreads 网站的社交属性与 Jellybooks 较为相似。它们的共同点在于通过平台上的用户行为分析了解用户的真实阅读需求,帮助用户发现自己所需要的书,而不被流行的畅销书排行榜所左右,是长尾理论在图书销售领域的重要应用。

1.3.2.4 结论与启示

通过以上研究可以看出,阅读社交网络在市场上的应用日益广泛,但是从学术角度还有许多需要深入研究的地方。本文认为今后的研究侧重点可以集中在以下两大方面。

第一,在今后的研究中,应该多以国内外阅读社交网络平台为研究对象,深入研究使用该平台的用户基本特征与行为规律,总结出成功的应用案例。比如强关系与弱关系的阅读社交网络着眼点存在较大差异,强关系阅读社交网络更多的是在用户熟悉的朋友圈中维护已存的社交关系,而弱关系阅读社交网络更注重信息的有效传播。笔者认为,对于阅读社交网络,核心的价值在于通过合理的机制和运营模式促使平台产生大量的直接来自用户创造的优质内容,社交只是其附属价值。因此,阅读社交网络作为 UGC(user generated content)社区平台,必然要求平台运营者能深度挖掘读者用户的真实需求,通过用户画像了解不同类型的读者群,为用户创造真正的价值。

第二,未来应该加强对阅读社交平台从用户、平台功能到使用完善的系统化研究。比如,读者为什么使用阅读社交网络?主要使用的平台功能有哪些?按照时间维度,在不同阶段读者的使用行为是否存在显著差异?如何改善阅读社交平台的功能?等。这些问题都值得我们进一步深入探索。

1.4 读者行为挖掘与分析的大数据技术及应用

出版业是随着大数据技术应用的推动在内容生产、营销方式与盈利模式上正发生深刻变革的重要领域之一,基于网络平台产生的读者行为大数据蕴含着丰富的商业价值。通过对出版业大数据的特征、类型进行梳理,对读者行为研究的大数据模型架构、大数据应用方向进行分析,进而提出基于读者行为挖掘的出版业大数据应用建议。

1.4.1 读者行为挖掘与分析研究现状

读者行为挖掘与分析属于读者学的研究分支之一,读者学又属于出版学的子学科之一,由中国出版家宋原放先生于 1985 年提出并创立,初期的读者研究也主要集中在 20 世纪 80 年代。笔者以"读者学""读者""读者行为""阅读行为"等为检索关键词在 CNKI 的《中国学术文献网络出版总库》中进行检索发现,近年来对读者行为进行研究的学者分散于图书馆学、信息管理学、出版学等学科。其论文以发表在《图书情报工作》《图书馆学》等图书情报类期刊上为主,少数发表在《中国出版》《出版科学》等新闻学与传播学类期刊以及分散于其他学科的专业期刊中,这说明现有文献中"读者行为"研究主要活跃在公共图书馆的读者服务领域。本文界定的读者与图书馆界定的读者不太相同,这里采用王涛鹏(2013)的观点,读者是指具有阅读能力并通过购买获得图书或阅读器的人[①]。这个概念相对于图书馆学的"读者"而言,倾向

---

① 王鹏涛.读者学研究重启的必要与可能[J].现代出版,2013(1):11—15.

于图书市场消费者的定位。吴平(2013)认为,编辑出版学领域的读者学研究进展缓慢,"停滞不前",应该重启读者学研究①。笔者认为,一方面,随着出版界的读者意识不断增强,其实不乏研究读者的学者,但由于技术限制等原因导致进展缓慢。刘志伟和路健行(2014)认为,出版业数据出现"信息孤岛"的原因在于传统的出版内容没有有效地嵌入到互联网的数据链中,尽管网络上用户行为大数据在不断积累,若出版机构不善于甚至没有能力研究用户的行为,便显得殊为可惜②。另一方面,由于互联网进入大数据时代,"用户至上、体验至上"的用户思维使得研究者倾向于将"用户"代替了"读者"的提法,导致在CNKI中使用"读者"作为关键词不能获得完全有效的搜索结果。尚策(2016)认为传统出版与数字出版分野的一个重要体现便是不再提"读者",而是强化"用户"的概念③。"用户"和"读者"并非只是表述不同,关键在于其思维方式、盈利模式的差异,用户思维强调的是为用户服务,而非单纯地将内容推送给读者,仅有"内容为王"是不够的。出版业在数字化转型、如何将"读者"转变为"用户"的过程中积累了不少可供借鉴的应用案例,其共性的做法是"挖掘读者需求—研发、创新满足读者需求的产品或技术—用户体验—盈利";而读者需求的获取除了传统出版进行的问卷调查方法,在互联网时代更多的是隐藏在海量的读者行为大数据中,需要通过大数据技术进行挖掘和分析。大数据对读者研究的改变在于大数据下读者研究的方法从传统的统计抽样方法变为数据的全体研究。大数据时代,人们更加关注数据总体,并试图从数据总体中直接获取有价值的信息。

---

① 吴平.2013 编辑出版学的十大观点[J].编辑之友,2014(1):14—18.
② 刘志伟,路健行.大数据如何改变出版业?[N].中国出版传媒商报,2014-09-30(09).
③ 尚策.解析大数据时代的数据拥有者——专业出版视角的数据类型与价值分析[J].科技与出版,2016(1):13—16.

出版大数据是大数据技术在出版业的实践,是涉及选题策划、内容生产、编排制作、营销推广、读者服务等出版流程各环节的数据集合。向安玲和沈阳(2014)按数据来源将出版大数据分为用户生成内容(UGC)、专家生成内容(PGC)和设备生成内容(DGC)三大类[①];其中,用户生成内容包括读者个人基本信息、发布内容和行为信息,数据来源于潜在或现实的读者。尚策(2016)采用了国家新闻出版广电总局"十三五"预研究课题《大数据相关技术在新闻出版领域应用预研究报告》中的提法,从数据内容与构成划分,将出版大数据分为用户数据、内容数据和交互数据。国家新闻出版广电总局数字出版司构建了出版大数据模型,包括核心层、产品层、业务层、市场层和用户层;其中,市场层和用户层分别包括产品消费数据和消费反馈数据,记录了广大用户的行为数据和评价信息[②]。本文所指的读者行为大数据主要包括:(1)读者的年龄、职业、兴趣等相对稳定的背景信息(静态数据),便于进行用户肖像和特征的识别;(2)读者在微博、微信和论坛等新型媒体上发布的原创、转发、评论等内容(动态数据);(3)读者在网络上的查询与搜索记录、购买行为、阅读行为、在社交平台上与其他读者(用户)互动、点赞等行为(动态数据)。在出版大数据库中的读者数据采集方面,更强调对与读者行为相关的动态数据的抓取。因此,笔者认为,读者行为大数据与上文所引用文献中的用户生成内容(UGC)、市场层和用户层数据本质类似,涵盖了用户数据、内容数据与交互数据。

1.4.2 面向读者行为分析的大数据技术

读者分析与挖掘是读者学这门学科研究的重点与难点,而读者分

---

① 向安玲,沈阳.基于大数据的出版流程变革[J].出版广角,2014(14):54—57.
② 唐贾军.出版业大数据建设:解决数据问题,用数据解决问题[N].中国出版传媒商报,2016-03-29(11).

析与挖掘结果的前提是读者数据的获取。一直以来,读者数据是出版企业重点关注的数据类型。在线统计工具和数据挖掘技术日趋成熟,为读者研究提供了实证基础。本文认为,面向读者行为分析的大数据处理是指基于 Hadoop 分布式存储系统等大数据平台,对读者在图书购买网站、读书社区、社交媒体等平台上生成的数据报文、日志等结构化或者非结构化数据进行采集、过滤分类、存储和数据挖掘,并从分析结果中发现读者行为的规律性,进一步为图书营销策略提供依据。一般而言,常见的大数据处理模型都包括数据采集、数据预处理、数据与文本挖掘、数据可视化等四大模块。

就出版业而言,读者(用户)行为数据的采集是较薄弱的环节。有学者认为,相对于出版业大数据核心层、产品层、业务层的数据采集而言,针对用户层的数据采集最复杂多变,采集难度最大;目前个人读者的数据采集大都采用阅读器、销售平台、社交媒体、读者数据库、门店采集等方式,但效果并不理想[1]。点赞、评论、收藏等反映读者行为特征的交互数据是出版机构所最欠缺的一种数据类型[2],其原因在于出版机构缺乏像移动手机阅读基地那样的平台来采集交互数据。读者行为大数据的采集往往要用到专业的海量数据采集工具。目前,大数据技术在数据采集方面的方法有如 Hadoop 的 Chukwa、Facebook 的 Scribe 等分布式架构的采集工具以及利用网络爬虫或网站公开 API 等方式从网站上获取数据的方式。比如,ROST CM 软件(内容挖掘平台)是由武汉大学信息管理学院沈阳教授团队研发编码的一种免费社会计算平台,该软件在读者评论挖掘中使用广泛,具有对文本信息分词、词频分析、语义抽取、情感分析、聚类分析等功能。

---

[1] 唐贾军.出版业大数据建设:解决数据问题,用数据解决问题[N].中国出版传媒商报,2016-03-29(11).
[2] 尚策.解析大数据时代的数据拥有者——专业出版视角的数据类型与价值分析[J].科技与出版,2016(1):13—16.

大数据预处理技术指对大数据进行清洗、集成、变换等操作。由于通过采集端获取的原始数据存在数据不一致、数据属性不完整、存在噪声等问题,需要通过特定的技术将多个数据源中的数据结合并集成、将原始数据转化为便于数据挖掘的构型、去除噪声和无关数据等,才能获得高质量的数据,进而为高质量的数据挖掘结果提供保障。

数据和文本挖掘(简称 TDM)是指从海量数据中提取隐含在其中的、人们事先不知道的、但又是潜在有用的信息和知识的过程。数据和文本挖掘涉及机器学习、模式识别、统计学等领域。笔者认为,就读者行为数据而言,数据挖掘的主要应用有相关关系分析、聚类分析、分类分析等技术。这些技术主要体现在图书推荐系统、读者分类等研究中。

数据可视化是为了更好地解读和展示数据挖掘结果,为读者产生更具可读性的用户体验,是大数据分析中不可或缺的重要手段和工具。常用的数据可视化技术包括面向图标、图像、像素的分布式技术等。这些技术可通过 Tableau 等可视化软件,根据在微博、web 日志、移动阅读客户端等网络或社交媒体上获得的读者行为挖掘结果进行更直观、多维度的呈现。

1.4.3 基于读者行为挖掘的大数据技术应用实践

我国出版业相对于旅游、医疗等其他领域而言,独特性和复杂性更明显,读者行为数据获取较难,读者行为数据采集手段亟待提高。当前,比较引人注目的读者行为挖掘应用方向,包括读者的分类及细分建模、读者行为的识别与预测、读者群体互动行为研究等。

1.4.3.1 读者分类应用

"物以类聚,人以群分",聚类与读者群之间存在着某种必然的内在联系。读者分类分析能从大量的读者对象中提炼出目标人群,进行市场细分和精准营销。例如,在应用广泛的图书推荐系统中,定向功能就是通过相关关系分析、聚类分析、协同过滤算法等实现的。通过相关分析,计算相关系数度量出读者相似性、图书相似性;通过聚类分析,找出读者群体的特征和行为倾向及规律。洪亮和冉从敬(2014)利用读者—主题—社区的3层体系结构关联社区的相似性和读者的相似性,提出了一种基于主题概率模型的虚拟读者社区推荐方法,为帮助读者从海量的虚拟读者社区中推荐符合其兴趣的读者社区①。2012年创建于英国伦敦的Jellybooks图书公司是一个致力于读者数据分析的平台,该公司根据读者在浏览、下载、分享、评价图书这个过程中收集到的信息,向读者推荐最符合他们兴趣和需要的图书。亚马逊和当当网这两大著名的图书电商网站平台上汇聚的读者行为信息量大且较全面,比如读者发表的图书在线评论。一种可行的读者分类方法就是以图书电商网站或其他读书社区中特定图书的属性和图书评论为数据源,构建图书属性结构,通过图书特征挖掘和情感倾向分析挖掘读者在图书在线评论中表达的特征—观点对,在读者偏好建模的基础上采用聚类方法对读者进行分类,划定读者细分市场。这是一种基于图书在线评论的读者分类方法。

1.4.3.2 读者行为的识别与预测应用

当前,行为识别与预测理论研究趋于成熟,包括机器学习、模式识别、人工智能等计算机领域和统计领域的数据挖掘方法。一个经典的案例是英国两位计算机算法专家利用大数据语义分析技术帮助《星期日泰晤士报》美术编辑理查德布鲁克斯发现了《布谷鸟的呼唤》的真正作者——J.K.罗琳。他们利用语义分析对《布谷鸟的呼唤》《临时空缺》以及哈利波特最后一部《哈利波特与死亡圣器》进行了比对,查看三者

---

① 洪亮,冉从敬.主题相关的虚拟读者社区推荐方法研究[J].现代图书情报技术,2014(9):51—57.

是否存在共性,对每本书中的单词进行比对、高频词相似性分析。其识别成功的逻辑是每位作家是具有个性的,其写作方式、风格等隐藏在文本信息中,如同DNA,是可以被识别的①。机器学习与人工智能主要用于读者行为预测中。例如,亚马逊(Amazon)雇用了大批的机器学习科学家②,对海量的读者行为数据进行机器学习研究和预测建模。其中,一个大数据技术应用的实践成果就是亚马逊的预判发货。2014年,京东自有品牌"京东出版"推出《大卫·贝克汉姆》图书,这本书是京东基于大数据技术识别出京东1 700万用户中60%的读者为男性,年龄在22～40岁的用户基本特征,进而推出的满足大部分读者阅读需求的图书选题。2015年,美国著名报业公司——纽约时报在信息技术、科技和编程领域雇用了约500名员工,组建了商业智能团队对读者行为数据进行分析,能实现在读者退订报刊之前预测谁将退订[9],更直接地运用数据来指导商业决策。

1.4.3.3 读者群体互动行为应用

用户群体互动行为是在线社交网络用户行为研究的重要分支之一,揭示了用户之间的互动机制③。社交网络大数据分析能从群体互动对象、互动内容以及互动时间规律等信息中发现读者舆情热点,进行舆情监控,提供更贴近读者的服务。例如,当前,学界通过对海量的读者与图书之间的交互数据进行统计研究,发现在大数据背景下读者行为频率数据呈现出明显的幂律分布,即"长尾分布",与传统的负指数分布存在显著性差异。读者群体互动行为的这个特征对传统的图书推荐算法提出了挑战。要做到"让读者找到自己想看的书,而不仅仅是畅销

---

① 卢东明.大数据抓"马甲"[J].软件和信息服务,2013(9):63—63.
② 安东尼奥·雷加拉多.《纽约时报》用机器学习技术预测读者行为[J].中国孵化器,2014(1):32—34.
③ 杨善林,王佳佳,代宝,等.在线社交网络用户行为研究现状与展望[J].中国科学院院刊,2015(2):200—215.

书",必须在关注畅销图书门类的同时还要关注那些冷门的长尾品种。读者群体行为互动领域出现了一些读者参与内容生产的应用案例。比如 Coliloquy 出版的电子书创新之处在于通过读者与作者的互动,读者可以向作者表达自己对书中情节、内容的设计、更新修改意见并很可能被采纳,读者群体可以通过投票等互动行为来决定故事的走向和结果。此外,众包出版正在成为一种创新的出版模式[①],这种模式让读者从被动的信息接受者转变为内容生产的参与者、创造者,与出版机构实现协同创新。

1.4.4 结论

与大数据技术在其他产品领域用户行为分析的广泛应用相比,当前我国出版业领域尤其是读者行为挖掘的大数据理论架构和实践发展相对缓慢。国外一些知名的出版企业和创新型图书公司在该领域走在前列,创造了成功的应用案例,而国内还处于对国外理论和案例的学习、借鉴阶段。如何从读者行为大数据中挖掘知识与价值,理解读者用户的行为模式,对制定精准有效的营销决策具有重要意义。本文通过对出版业大数据的特征、类型进行梳理,对读者行为研究的大数据模型架构、大数据应用方向进行分析,得出以下结论:

(1)读者行为挖掘与分析是大数据在出版业的重要应用领域。读者学研究意识的增强和大数据技术的融合,产生了新的产业发展需求,同时为读者学研究遇到的技术困难和瓶颈提供了突破的方向和途径。

(2)读者行为挖掘与分析的大数据应用涉及较为专业的信息技术和互联网领域知识,包括数据采集、数据存储和处理、数据分析、数据可

---

① 袁甜阳子,沈阳.众包出版:新兴出版模式探析[J].科技与出版,2015(12):72—76.

视化以及数据应用等技术,需要跨领域资源的整合,构建统一的大数据平台进行支撑。

(3) 出版业大数据尤其是读者层面的数据应用规模还受到限制,读者数据的采集平台构建、采集工具、数据挖掘配套系统等技术层面的工作还需要完善。如何通过足够的数据存储和分析能力来应对不断汇聚的读者行为数据,并从中提取有价值的信息,转化为科学有效的决策,这是大数据技术在读者行为分析中应用的关键。随着读者学学科和大数据技术的发展,读者行为数据将成为出版业的核心资源,大数据在读者行为挖掘和分析方面的价值将日益得到体现。

1.5 本章小结

本章阐述了研究背景和意义,设计了研究思路方法;梳理了在线评论的数据来源、不同平台的在线评论差异和数据采集方式,对图书电子商务网站的在线评论结构和特点进行了分析;定义了阅读社交网络的概念,探讨了阅读社交网络的应用价值,从目标用户、用户关系、产品定位以及功能服务等方面对国内外4家有代表性的阅读社交网络进行了比较研究;基于阅读社交网络的发展现状和分析结果,从学术和未来应用视角对我国阅读社交网络的研究给出了建议与启示;对读者行为挖掘这一主题的研究现状进行了文献回顾,重点对基于大数据技术的读者用户行为挖掘与分析方法进行了归纳总结,对面向读者用户行为挖掘的大数据应用方向进行了分析;结论指出了我国读者行为挖掘领域发展中存在的问题,对读者行为挖掘与分析的发展提出了建议。

第 2 章
相关研究文献回顾及述评

2.1 图书在线评论与销售绩效关系实证研究文献综述

网络零售业规模的快速发展带来了各种在线评论数量的急剧增长。在网络零售领域,自亚马逊网站首次推出用户在线评论系统以来,各大电商网站竞相推出在线评论系统,用户在线评论已经成为当前企业进行营销管理的重要分析工具之一。越来越多的业界人士和学者倾向于认为在线评论对产品销量和消费者购买决策都会产生重要的影响;有效地利用在线评论能够促进产品销售,能为企业带来更多的利润。任娟(2016)从知晓效应和说服效应两方面说明了图书在线评论影响销售绩效的机制,提出了新媒体环境下利用在线评论销售图书的策略①。

通过对 CNKI 和外文数据库进行主题检索发现,自 2006 年起在线评论的商业价值日益受到了国内外学者的关注,针对在线评论挖掘开展的研究不断深入,在线评论实证研究相关的文献数量也在逐渐增多。在过

---

① 任娟.大数据背景下在线评论在图书销售中的策略分析[J].编辑学刊,2016(4):42—46.

去的10年里,一些学者对在线评论与销售绩效的关系进行了实证研究,研究范围比较广泛,涉及图书、电影、酒店、旅游、数码产品等不同领域。由于在线评论的领域依赖性以及研究方法、模型、数据选取等原因,已有研究显示在线评论对销售绩效具有一定的影响,但得出的结论莫衷一是。例如,同样是以图书在线评论为研究对象,Chen 等人(2004)认为情感倾向对图书销量无显著影响[1];而 Chevalier 和 Mayzlin(2006)得出的结论是正面书评从总体上能增加图书销量,负面书评则会减少图书销量[2]。类似这种研究结论不一致的现象在其他商品领域也普遍存在。可以看出,在线评论与销售绩效关系的相关研究仍然处在探索阶段,在线评论如何影响销量,通过何种作用机制产生影响,这些研究目前还缺乏更多规律性和普适性的发现。因此,本章拟以图书领域为分析对象,对国内外已有的图书在线评论与销量关系的实证研究进行系统的归纳和总结,旨在为该领域进行更规范的实证研究提供思路。

2.1.1 图书在线评论的测度

不同产品领域的在线评论在内容、消费者感知等方面差异较大[3],国内外研究对不同产品的在线评论进行观点挖掘时往往也是依据各自产品领域的具体需求而定。陈晓美等人(2013)总结了新闻在线评论、

---

[1] CHEN P-Y S, WU S-Y, YOON J. The impact of on line recommendations and consumer feedback on sales[C]//Proceedingsof International Conference on Information Systems (ICIS), 2004: 711—724.
[2] CHEVALIER J A, MAYZLIN D. The effect of word of mouth on sales: Online book reviews[J]. Journal of marketing research, 2006, 43(3): 345—354.
[3] 马艳丽. 在线评论引起的消费者决策困境: 概念与相关问题[J]. 求索, 2013(7): 244—246.

图书在线评论、影视在线评论、服务领域在线评论等不同类型评论的独特领域特点①。图书是一种典型的体验型产品,图书在线评论体现了评论者对书籍的形式、内容、印刷包装等特征属性的赞成、中立、反对等态度。图书的特点是消费者在购书之后会根据自己的阅读体验和心理感受对图书的属性等内容发表不同的观点,图书在线评论往往带有很强的主观色彩,随感而发。因此,图书的内容质量这一关键属性只能通过读者的阅读体验感知,个性化特征较其他产品领域的在线评论更为明显。相关研究文献中早期研究较多的是在线评论本身特征的维度,如评论星级、评论数量、评论效价等代表性指标;近几年随着研究视角的拓展和研究程度的深入,在线评论的质量、时间间隔、一致性等维度开始受到关注,对在线评论维度衡量的方法也在不断发展。

2.1.1.1 单维度衡量法

早期研究中最常用的在线评论维度包括评论数量、评论星级等。评论数量和评论星级在定量分析中是较为容易获取的数据,而以在线文本评论等形式出现的大量非结构化数据在获取、量化分析上难度较评论星级等结构化数据更大;然而,在线文本评论中蕴含着丰富的有价值的信息,使得学者对在线评论文本内容的特征和语义分析趋于深入,在维度上体现为分析评论质量、评论长度、评论差异性、评论强度、评论可读性、评论情感的细粒度分析等。

2.1.1.2 多维度衡量法

Tianxi Dong 等人(2012)使用文本挖掘方法和多元回归模型,基于图书在线评论提出了一种图书的四维评价体系并进行了实证检验②。李雁

---

① 陈晓美,王付国,吴宏伟,等.社会化网络评论观点挖掘的研究热点与应用进展[J].情报科学,2013(11):119—124.
② DONG TIANXI, MATTIHAMALAINEN, LIN ZHANGXI, et al. Exploration of a Multi-dimensional Evaluation of Books Based on Online Reviews: A Text Mining Approach[J]. E-Life: Web-Enabled Convergence of Commerce, Work, and Social Life, 2012, Vol(108): 119—129.

翎等(2013)采用多维度多指标衡量法对图书评价进行量化结构分析，并提出了五维图书数据分析星形模型；认为网络书评是该模型中的重要维度之一，并提出了"网络舆情维度"图书评价因子，包括评论数量、图书质量、时效性、评论星级、网络点击量等指标[①]。王军和丁丹丹(2015)针对一般商品，从时间维度出发构建了从原评论到追加评论之间的动态变化指标体系，提出了3类一级指标和更细化的二级指标[②]。尽管多维度指标能够更全面地衡量图书评论，但由于受数据可获得性的限制，绝大多数研究只采用单一维度或指标来衡量在线评论的特征。

综上所述，现有相关研究主要选取几种具有代表性单维度单指标组合来衡量图书的在线评论维度。

2.1.2 图书在线评论与销售绩效关系研究

2.1.2.1 图书销量的内涵及评价

已有的实证研究中用到的图书销量数据主要来源于亚马逊、当当网等各大网络书店公布的图书排行榜进行估算的。图书销售网站并不提供图书的具体销售量(额)，但能提供动态的图书销量排名数据，进而间接地反映图书销售情况。早期的研究发现了销量和销量排名分别取自然对数后呈线性相关[③]，以后的实证研究模型中均以此为基础，使用销量排名的自然对数代替销量的自然对数作为因变量进行回归分析。

---

① 李雁翎,孙晓慧,陈玖冰.五维图书评价体系及分析模型的建构[J].情报科学, 2013(8)：77—80.
② 王军,丁丹丹.商品在线评论动态变化评价指标体系的研究[J].图书情报工作, 2015(12)：106—112.
③ CHEVALIER J, GOOLSBEE A. Measuring prices and price competition online: Amazon.com and BarnesandNoble.com[J]. Quantitative Marketing and Economics, 2003, 1(2)：203—222.

国内学者徐永杰(2014)指出，一般而言，图书在当当网、京东商城、亚马逊这三大网站的实际销量大都为图书评论数的 2~5 倍，随着图书的畅销，其倍数呈递减趋势[①]。考虑到用排行榜代替销售数据存在估计偏差等弊端，有学者在图书销售指标的选择上进行改进。如 Sung Ho Ha 等人(2015)以韩国一家著名的网上书店提供的评论数量和销售点(sales point)排名前 100 本的图书在线评论为实验数据，该网上书店不仅提供每本图书的销售排行榜，同时提供根据图书销售周期和实际销售情况的指标——sales point，用 sales point 作为销量指标，克服了以往研究中用排名代替实际销售情况的弊端[②]。就国内图书的销售数据而言，除了网络书店图书排名指标外，还有源于第三方统计的关于实体书店、馆配等其他渠道的销售数据。例如，当前我国很多出版社用得较多的是开卷网数据。开卷网是全球唯一一家从事中文图书市场零售数据连续跟踪服务的专业公司，它提供的"开卷全国图书零售市场观测系统"对国内图书的销售情况较全面。开卷销售数据是基于实体书店和网络销售信息汇总分析得到的排行榜，包括码洋、册数、品种、动态销售率、销售渠道等指标。然而，鉴于数据的可获得性等原因，现有文献中还未见到用开卷销售数据作为因变量的实证研究，后续研究可以用开卷销售数据替代排名对已有模型进行验证、改进，以期得到更多有意义的研究结论。

2.1.2.2 图书在线评论与销售绩效的关系

图书在线评论对销售绩效的影响研究大多是将在线评论的数量、评分、情感倾向等特征维度作为解释变量，将图书排行榜进行对数处理当作绩效指标作为被解释变量，实证检验二者之间的关系和影响程度。

---

① 徐永杰."估"有所依：如何估算图书的销量[J].出版广角，2014(10)：74—76.
② SUNG HO HA, SOONYONGBAE, LEE KYEONG SON. Impact of Online Consumer Reviews on Product Sales: Quantitative Analysis of the Source Effect [J]. Applied Mathematics & Information Sciences, 2015, 9(2L): 373—387.

早期研究评论效应时大都是直接检验评论与销售之间的关系,随着研究领域的进一步拓展,在线评论特征、评论者特征和图书类型等变量被不断引入模型,研究方法更趋于复杂,通过检验模型中可能存在的调节效应和中介效应,研究在线评论与销售之间的作用机制,也出现了很多创新性的实证结论。

(1) 图书在线评论对销售绩效的直接影响效应　已有研究从在线评论的知晓效应出发,对于图书在线评论数量与图书销售量的关系进行了探讨;从在线评论的说服效应出发,探讨了图书在线评论内容中包含的情感倾向(效价)与销售绩效的关系。Chen 等人(2004)在对亚马逊网站图书评论的研究发现,在线评论的数量对图书销量影响显著,但评论情感评分对销售无显著影响[①]。Chevalier 和 Mayzlin(2006)为了控制图书质量等外在因素对模型的影响,采用差异比较法对同一本书在 Amazon 和 Barns&Noble 网站的销售情况进行分析,研究发现,书评从总体上能增加图书销量,但极端差评对销量的影响较之极端好评的影响更大[②]。龚诗阳等人(2013)通过对当当网上 3 200 多万条图书评论的实证分析表明,图书在线评论对销量的影响主要来自评论数量增加所引发的知晓效应,而评论星级对销量的影响不显著[③]。除了图书在线评论的数量、情感倾向是被关注的重要维度外,有学者进一步对情感倾向维度进行了拓展,以图书在线评论中正负情感倾向的方差作为测量指标。如 Monic Sun(2012)对美国两大图书零售商的图书在线评论评分发现,当某本书的用户平均评分较低时,该本书的评论评分标

---

① CHEN P-Y S, WU S-Y, YOON J. The impact of on line recommendations and consumer feedback on sales[C]//Proceedings of International Conference on Information Systems (ICIS), 2004: 711—724.
② CHEVALIER J A, MAYZLIN D. The effect of word of mouth on sales: Online book reviews [J]. Journal of marketing research, 2006, 43(3): 345—354.
③ 龚诗阳,刘霞,赵平. 线上消费者评论如何影响产品销量——基于在线图书评论的实证研究[J]. 中国软科学, 2013(6)171—183.

准差可以显著提高该书的销量①。有学者从不同的图书在线评论数据来源研究了两者关系,如赵志荣和方佳明(2015)以独立的第三方网站豆瓣网为研究对象,收集了50本热门书籍共计550条评论信息,通过建立计量模型研究评论效价、评论差异、评论数量和读书人数对图书销量的影响。结果发现,图书评论总量显著地正向影响图书销量,在读人数和想读人数也显著地正向影响图书销量②。从对上述文献的分析可以看出,图书在线评论的知晓效应得到了大多数学者的验证,即评论数量总体上促进了图书的销售。然而,对于图书在线评论的说服效应的研究结论并不一致,部分学者得出了情感倾向影响不显著的研究结果③④。笔者认为,这一问题除了与建模的内生性控制、由于图书生命周期导致的动态性等原因有关外,还与图书在线评论情感倾向的测量指标有关。情感分析是当前在线评论信息挖掘的关键,如何采用有效的方法对在线评论的情感进行合理的判定对研究结论的得出十分重要。

(2) 图书在线评论对销售绩效的间接影响效应 在线评论对销量的直接影响效应侧重于从整体层面上研究,表现为一种总体效应,同时也忽视了因在线评论本身隐藏的其他特征维度的交互影响而产生的间接效应。为了更深刻地揭示在线评论不同特征之间、在线评论与环境变量之间复杂的因果关系,近年来学者们从不同的视角对这一问题进行了研究,通过检验可能存在的调节效应和中介效应,研究在线评论与

---

① MONIC SUN. How Does the Variance of Product Ratings Matter? [J]. Management Science, 2012, 58(4): 696—707.
② 赵志荣,方佳明.在线评论对于图书销量的影响——基于豆瓣网的实证性研究[C].第十届中国管理学年会论文集,2015.
③ CHEN P-Y S, WU S-Y, YOON J. The impact of on line recommendations and consumer feedback on sales[C]//Proceedings of International Conference on Information Systems (ICIS), 2004: 711—724.
④ 龚诗阳,刘霞,赵平.线上消费者评论如何影响产品销量——基于在线图书评论的实证研究[J].中国软科学,2013(6): 171—183.

销售之间的作用机制。这些研究将在线评论的维度拓展到评论者特征、产品类型、评论来源的平台特征、阅读者特征等多方面。邬溪羽等人(2015)将阅读者特征、评论者特征、评论平台特征、产品特征作为调节变量纳入概念框架,分析了调节变量作用机制的逻辑①。针对评论者特征维度方面,Forman等人(2008)发现了评论者身份信息的披露对销量的积极影响②。Hu,Liu和Zhang(2008)研究表明,评论的有用性体现了评论者的撰写质量,该维度对在线评论影响销量的过程中发挥着显著调节效应,即评论越有用,正向评论对销量的积极影响越明显③。针对产品类型维度方面,学者们往往将产品划分为体验型产品和搜索性产品进行比较。李卓慧和李芳芳(2016)研究发现产品类型在在线评论与销售关系之间起着调节作用,且对体验型产品的影响更为明显④。李宗伟和张艳辉(2013)发现搜索型产品的主动评论率和有效评论率高于体验型产品;体验型产品的个性化评论率高于搜索型产品⑤。图书往往被当作体验型产品的代表,与其他体验型产品或搜索性产品进行比较研究,探索产品属性在在线评论与销量关系中的作用;然而,即使是同一类产品,更具体的产品特征对在线评论与销量关系的影响结果也会存在差异。目前,针对图书这一体验型产品,进一步细化

---

① 邬溪羽,郭斌,周莎莎,等.在线评论如何影响消费者:基于社会影响视角的整合框架[J].西安电子科技大学学报:社会科学版,2015(1):1—18.
② FORMAN C, GHOSE A, WIESENFELD B. Examining the Relationship between Reviews and Sales: The Role of Reviewer Identity Disclosure in Electronic Markets[J]. Information Systems Research, 2008, 19(3): 291—313.
③ HU N, LIU, ZHANG J J. Do online reviews affect product sales? The role of reviewer characteristics and temporal effects[J]. Information Technology and Management, 2008, 9(3): 201—214.
④ 李卓慧,李芳芳.在线评论对购买意愿一定产生影响吗——论产品类型的调节作用[J].中国商论,2016(8):85—89.
⑤ 李宗伟,张艳辉.体验型产品与搜索型产品在线评论的差异性分析[J].现代管理科学,2013(8):42—46.

研究图书的独特产品特质产生的间接影响的文献还比较少见。比较有代表性的研究有盘英芝等人(2011)以图书作为体验型商品的代表,根据长尾理论分析了"热门程度"这种图书的显著产品特质,将"看过""正在看"和收藏数作为图书热门程度的指标并进行了聚类处理,研究发现,利用面板数据分析的结果表明,"热门"和"非热门"的在线评论数量均对销量产生积极影响,在线评论得分的变化对销量排名的变化有显著影响,且对非热门图书影响更大[①]。此外,现有研究表明,不同来源的在线评论会影响购买行为。上述文献多数从亚马逊网站、当当网等商业性图书销售网站和豆瓣网这样的第三方读书社区平台单独研究在线评论与销售之间的关系。随着研究的深入,有学者开始研究微博等不同类型的网络口碑平台对图书销量的影响[②],不同的在线评论来源在模型中被认为是一个调节消费决策的关键变量。针对评论来源的平台特征方面,黄可(2015)综合分析了来自当当网、微博、豆瓣网等不同图书评论来源的口碑指标和销售数据,论证了各平台作用的程度和方向差异[③]。Sung Ho Ha等人(2015)以韩国一家著名的网上书店图书在线评论为实验数据进行了研究。该书店为顾客同时提供3种不同类型的在线评论发表平台,即图书销售网站、图书销售博客和私人博客。作者采用回归模型分析了这3种不同的来源对在线评论与销售关系中的作用,并通过仅选择经管类图书这一种类型来最大程度减小图书类型产生的偏差。研究结论表明,私人博客的在线评论在这3种类型中对图书销量的影响最大,这对于在线图书销售商如何管理图书博客这

[①] 盘英芝,崔金红,王欢.在线评论对不同热门程度体验型商品销售收入影响的实证研究[J].图书情报工作,2011,55(24):126—131.
[②] 刘德春.社交媒体对网络图书销量的影响——对微博网络口碑的实证研究[D].南京:南京大学,2013.
[③] 黄可.口碑与热销:网络口碑对图书在线销售的影响机制分析[J].中国出版,2015(24):27—32.

种销售工具实现图书销售的盈利具有一定意义①。另外,还有学者对中西方不同文化情境下的图书在线评论与销售关系的比较研究,Fang&Zhang(2013)通过比较亚马逊中国和亚马逊美国的评论特征差异,发现中国的评论在总体质量不如美国,证实当当网图书评论有用性并不会影响阅读者的购买意愿②。

从这部分的文献述评来看,对在线评论的各维度进行更深层次的挖掘和度量,充分利用在线评论的数据信息探索潜在的调节变量,对于更真实地理解在线评论和购买意愿、销售绩效之间的关系至关重要。

(3) 图书在线评论与销量预测的关系　基于在线评论情感分析进行销量预测是近几年该领域一个重要的应用研究方向。已有研究中,微博评论是所有在线评论类型中最多地被用于销量预测模型的一种类型。微博评论被认为是一种可靠的、以人为本的信息来源,微博评论比其他在线评论来源对产品销量的影响更大③。比如在电影领域,利用微博评论的情感分析构建模型进行电影票房的预测。目前相关研究已经在图书销售预测领域进行了有益尝试和探索。对于图书在线评论如何能进行销量预测的逻辑基础,Gruhl D 等人(2005)分析了利用图书博客情感分析来预测图书销量排行峰值的逻辑基础④。许波(2010)

---

① SUNG HO HA, SOONYONGBAE, LEE KYEONG SON. Impact of Online Consumer Reviews on Product Sales: Quantitative Analysis of the Source Effect [J]. Applied Mathematics & Information Sciences, 2015, 9(2L): 373—387.
② FANG H, ZHANG J, BAO Y, et al. Towards effective online review systems in the Chinese context: A cross-cultural empirical study [J]. Electronic Commerce Research & Applications, 2013, 12(3): 208—220.
③ JOHNSON T J, KAYE B K. Wag the blog: how reliance on traditional media and the internet influence credibility perception of weblogs among blog users [J]. Journal of Mass Communication Quarterly, 2004(81): 622—642.
④ GRUHL D, GUHA R IN KUMAR R. The predictive power of online chatter [C]//Proceedings of the Eleventh ACM SIGKDD International Conference on Knowledge Discovery in Data Mining, 2005: 78—87.

研究了当当网排名 Top500 的畅销书的八大细分类别(小说、文艺、青春、励志、少儿、经济、社科、管理)对销量预测的影响,结论表明在控制评论数量的条件下,某类别图书的阅读人群范围与销量正相关[①]。李雪妮等人(2013)以淘宝网上的图书评论及销售数据为实验对象,提出了基于词典分析的用于预测销量的情感感知自回归模型,预测结果的准确性较好[②]。情感分析技术影响销量预测的准确度,传统的整体情感倾向(好评、差评、中评)难以满足购买者和销售网站的需求,该领域的研究趋势是通过对在线评论进行更为细粒度的情感分析,减轻在线评论的信息过载、提炼出更个性化的产品属性以进行更精准的销量预测。

2.1.3 结论

从上述文献的分析可以看出,现阶段关于图书在线评论对销量影响的实证研究正在从浅层数据提取(如评论星级、评论数量等)向深层数据内容利用(如在线评论的情感分析挖掘等)、从直接效应分析向更复杂、更真实的间接效应分析的方向发展。未来的研究还需要整合不同的图书在线评论数据来源、构建图书在线评论的多维度多指标评价体系、从聚合层面转向个体层面研究图书在线评论对读者的感知及购买决策等多方向的改进;同时,还可以借鉴在电影等其他体验型产品领域应用成功的研究模型和结论,结合图书的特点进行修正、改进,将先进的研究模型推广到图书领域,从而取得更丰富、全面的考证。

---

① 许波.基于网络口碑的网上书店销售研究[D].合肥:合肥工业大学,2010.
② 李雪妮,张绍武,杨亮,等.ARES:用于预测的情感感知自回归模型[J].计算机研究与发展,2013,50(8):1722—1727.

2.2 在线评论观点挖掘方法研究文献综述

近年来学术界对于在线评论的观点挖掘研究从粗粒度情感分类转向细粒度的观点挖掘,从浅层内容挖掘转向深层观点聚合。目前,与本课题相关的国内外研究工作可总结为以下几个方面:

2.2.1 在线评论观点挖掘方法研究

在大数据背景下,如何从海量的互联网用户产生的在线评论中提取有价值的信息并转化为可以直接利用的决策信息是在线评论研究领域中的困难之一。如果采用人工方式对这些海量信息进行收集和分析,显然是成本高昂、低效和困难的。利用计算机对在线评论进行分类和提取的观点挖掘研究应运而生。观点挖掘,又称情感分析,是指通过自动分析某种商品评论的文本内容,发现消费者对该商品的褒贬态度和意见。

目前,观点挖掘的研究主要集中在褒贬情感分类和主客观分析等方面。大部分研究借鉴文本挖掘、信息检索、机器学习、自然语言处理、统计学等方面的技术和方法,也提出了一些针对在线评论情感分析的特定方法。按照文本的不同粒度,可将情感分析划分为词语级、句子级、篇章级。① 词语级是基础和前提,主要指对评价词进行抽取,并对其情感倾向或极性进行分类。主要依赖两种方式:一是基于语料库,即利用大语料库的统计特性,通过观察词语之间的共现关系、句子的语法模式等现象,来挖掘语料库中的评价词语并判断极性。二是基于词典,主要使用词典中(如 WordNet 或 HowNet)词语之间的词义联系(如同义词、反义词、下位词等)来挖掘评价词语。② 句子级的任务主要包括：一是判断该句子是主观表述还是客观表述；二是对句子情感倾向进行判断，并从中提取出与情感倾向性论述相关联的各个要素，包括观点持有者、评价对象、评价对象的特征、情感特征、评价时间。中科院的 ICTCLAS 系统是目前最好的中文分词工具；机器学习方法则应用于句子情感分类。③ 篇章级是指从整体上判断某篇文档的情感倾向性。从系统设计角度，情感分析系统主要包括以下部分：评论信息采集与预处理（如网页爬取、中文分词、停用词处理等）、情感词抽取（情感词典构建）、情感分类或评分、情感摘要生成、系统评测等。另外，情感分析是语言环境敏感的，例如英文文本情感分析的一些技术就不一定适合中文文本情感分析；也是领域敏感的，例如来自电子数码商品销售领域的在线评论信息挖掘系统，可能并不适用图书销售领域。

针对中文的特点，一些学者提出了面向中文的在线评论挖掘方法并进行了应用。在主观性内容识别研究方面，叶强等人（2007）提出了一种利用 CHI 统计方法提取 2‑POS 主观模式的双词词类搭配方法，并用于识别汉语主观短语①。张博（2011）提出了一种将句法结构、依存关系与 SVM 分类方法相结合的中文观点句抽取方法，并取得了不错的效果②。杨武（2013）采用朴素贝叶斯分类器对微博语句的主客观分类问题进行研究③。在汉语词汇语义倾向自动获取研究方面，朱嫣岚等人（2006）提出了基于 HowNet 的两种词汇语义倾向计算方法④[4]。徐琳宏等人（2007）和李纯等人（2008）分别利用知网中义原标

---

① 叶强,张紫琼,罗振雄.面向互联网评论情感分析的中文主观性自动判别方法研究[J].信息系统学报,2007,1(1):79—91.
② 张博.基于 SVM 的中文观点句抽取[D].北京:北京邮电大学,2011.
③ 杨武,宋静静,唐继强.中文微博情感分析中主客观句分类方法[J].智能技术学报,2013,5(1):66—73.
④ 朱嫣岚,闵锦,周雅倩,等.基于 How Net 的词汇语义倾向计算[J].中文信息学报,2006,20(1):14—20.

注为良和莠的词作为基准词计算词汇语义倾向①②。在汉语语句语义极性分析和观点抽取研究方面,娄德成和姚天昉(2006)利用自然语言处理技术,对汉语网络评论的语句进行了语义极性分析和观点抽取③。在汉语篇章语义倾向自动识别方面,徐琳宏等人(2007)提出了一种基于语义理解的识别机制④。另外,李实(2010)基于改进关联规则算法实现了针对中文产品评论的产品特征信息挖掘,探索了情感倾向的挖掘方法⑤。张丽等人(2011)选取了当当网上 3 本图书共计 14 197 条在线评论数据作为样本,提出了一种基于中文分词和词频统计的图书在线评论文本分析方法⑥。秦艳琴等人(2011)以图书《好妈妈胜过好老师》为例,抓取了该书在当当网上的在线评论,借助武汉大学沈阳等开发的 ROST CM 软件对在线评论进行深入挖掘⑦。

综上所述,① 现有文献对褒贬情感分类研究较多,对在线评论的主客观分析的研究较少。② 准确的文本情感倾向计算和主客观分析是实证分析的前提和保证,然而现有情感分析研究缺乏实验语料、词典资源、评价体系和平台,缺少大样本的相关研究,方法的有效性很难得到验证。③ 针对中文的相关情感分析研究多是方法研究,实证研究较

---

① 徐琳宏,林鸿飞,杨志豪.基于语义理解的文本倾向性识别机制[J].中文信息学报,2007,21(1):96—100.
② 李钝,乔保军,曹元大,等.基于语义分析的词汇倾向识别研究[J].模式识别与人工智能,2008(4):482—487.
③ 娄德成,姚天昉.汉语句子语义极性分析和观点抽取方法的研究[J].计算机应用,2006,26(11):2622—2625.
④ 徐琳宏,林鸿飞,杨志豪.基于语义理解的文本倾向性识别机制[J].中文信息学报,2007,21(1):96—100.
⑤ 李实,叶强,李一军,等.中文网络客户评论的产品特征挖掘方法研究[J].管理科学学报,2009,12(2):142—152.
⑥ 张丽,张蕾,张阳,等.基于中文分词和词频统计的图书在线评论文本分析[J].信息系统工程,2011(7):71—73.
⑦ 秦艳琴,朱婧婷.网络图书评论分析与编辑智慧[J].中国编辑,2011(2):75—78.

少,尤其是将情感分析技术和基于理论的实证研究相结合的研究更少。

2.2.2 方面级观点挖掘方法研究

篇章级观点挖掘将整篇评论作为基本信息单元,按照褒义、贬义和中性的情感极性完成文本的情感分类(Turney,2002;Pang,2002;王洪伟,2013)[1][2][3]。句子级观点挖掘将句子作为基本信息单元,完成主客观句子分类(Rilloff,2015)[4],再按照褒义、贬义和中性的情感极性完成句子的情感分类。细粒度的观点挖掘研究主要包括识别观点表达的语义成分以及结果展示途径。刘丽等人(2015)认为观点语义成分识别研究旨在分析评论者对其评论对象进行了怎样的评论,强调识别三者间的对应关系[5]。

方面级观点挖掘不是以篇章、句子等语言结构作为基本信息单元,而是直接研究观点本身;基本思想是一个观点是一个由实体、方面、情感、观点持有者和观点发表的时间5个基本信息组成的观点五元组(Liu,2007)[6];挖掘目标是在给定的文本中发现所有的观点五元组;挖

---

[1] TURNEY P D. Thumbs up or thumbs down?: semantic orientation applied to unsupervised classification of reviews[C]. Proceedings of the 40th annual meeting on association for computational linguistics. Association for Computational Linguistics,2002:417—424.
[2] PANG B,LEE L,VAITHYANATHAN S. Sentiment classification using machine learning techniques[C]. Proceedings of the Conference on Empirical Methods in Natural Language Processing. Philadelphia,US,2002:79—86.
[3] 王洪伟,郑丽娟,尹裴,等.基于句子级情感的中文网络评论的情感极性分类[J].管理科学学报,2013,16(9):64—74.
[4] RILOFF E,WIEBE J,WILSON T. Learning subjective nouns using extraction pattern bootstrapping[EB/OL]. [2016-12-16]. http://www.Aclweb.org/anthology/W03-0404.
[5] 刘丽,王永恒,韦航.面向产品评论的细粒度情感分析[J].计算机应用,2015,35(12):3481—3486.
[6] BING LIU.Web 数据挖掘[M].北京:清华大学出版社,2009.

掘任务主要是完成实体抽取和归并、方面抽取和归并、观点持有者与时间抽取、方面情感分类和生成观点五元组5项任务。商品在线评论的实体一般为商品本身，在线评论的观点持有者一般为评论者，评论时间的格式明确，因而实体抽取、观点持有者与时间抽取都比较容易。方面抽取采用的基本方法是基于领域本体的人工定义方法和基于有监督学习、无监督学习的自动抽取方法。尹裴等人（2016）构建了面向手机和数码相机的领域本体①。目前国内还没有一套完整的中文图书在线评论领域本体；基于频率的抽取方法（Popescu,2005；李实,2009）在高频名词或名词短语上施加约束识别产品方面②③；基于关系的抽取方法（Liu,2005）利用方面与情感之间的关系抽取新的方面和情感，其优点是改进基于频率的方法处理低频方面的局限性④；基于HMM（Lakkaraju,2011）、CRF（Li Fangtao,2010）的有监督学习的抽取方法，克服了基于频率的方法的局限性⑤⑥；主题模型抽取方法由基

---

① 尹裴,王洪伟.面向产品特征的中文在线评论情感分类：以本体建模为方法[J].系统管理学报,2016(1)：103—114.
② POPESCU A M, ETZIONI O.Extracting Product Features and Opinions from Reviews［C］. Proceedings of HLT-EMNLP-05, the Human Language Technology Conference/ Conference on Empirical Methods in Natural Language Processing.Vancouver , Canada：2005, 339—346.
③ 李实,叶强,李一军,等.中文网络客户评论的产品特征挖掘方法研究[J].管理科学学报,2009,12(2)：142—152.
④ LIU BING, HU MINQING, CHENG JUNSHENG. Opinion observer：Analyzing and comparing opinions on the web［C］. Proceedings of the 14th international conference on World Wide Web. Chiba：ACM, 2005：342—351.
⑤ LAKKARAJU H, BHATTACHARYA C, et al. Exploiting Coherence for the Simultaneous Discovery of Latent Facets and associated Sentiments［C］. Proceedings of the Eleventh SIAM International Conference on Data Mining, Mesa：SIAM/Omnipress, 2011：498—509.
⑥ LI FANGTAO, HAN CHAO, HUANG MINLIE, et al. Structure-aware review mining and summarization［C］. The 23rd International Conference on Computational Linguistics. Beijing：Tsinghua University Press, 2010：653—661.

本的 LDA 模型(Blei,2003)扩展而来,它克服监督学习方法需要人工标注数据的不足①。此外还有大量有监督学习的模型用于方便情感分析:Ramage 等人(2009)提出了 Labeled-LDA,将标签信息和无监督 LDA 结合②;Titov 等人(2008)提出了一种多粒度 LDA 模型,用以挖掘产品领域情感文本中评价对象,并将相似的评价对象进行聚类③;McDonald 等人(2007)提出了由细到粗使用结构模型的方法对多个层级进行情感分析,取得了比任意单层情感分类更好的效果④。方面情感分类主要采取基于词典的方法、有监督的机器学习方法和无监督的方法。观点挖掘的结果可以采用可视化界面、抽取式或生成式文摘等多种途径进行展示。观点文摘的研究大部分基于观点五元组框架。观点五元组是生成观点文摘的基本信息源,基于方面的文摘的一个通用形式就是方面级观点摘要。在线评论的观点挖掘实践可借鉴在电影等其他体验型商品领域应用成功的研究模型和方法,推广到图书领域,从而取得更丰富、全面的考证。在细粒度的层面上,对电影评论的情感研究多是方面级的情感分析方法,这种方法将影评的内容分为几大类,如情节、导演、演员、音乐以及场景等(李

---

① BLEI D M, NG A Y, JORDAN M I. Latent dirichlet allocation[J]. Journal of Machine Learning Research, 2003(3): 993—1022.
② RAMAGE D, HALL D, NALLAPATI R, et al. Labeled LDA: a supervised topic model for credit attribution in multi-labeled corpora[C]. Proceedings of the 2009 Conference on Empirical Methods in Natural Language Processing: Volume 1 - Volume 1, Singapore, August 6 - 7, 2009. USA: Association for Computational Linguistics, 2009: 248—256.
③ TITOV I, MCDONALD R T. A joint model of text and aspect ratings for sentiment summarization[C]. The 46th Annual Meeting of the Association for Computational Linguistics: Human Language Technologies, Columbus, Ohio, June 19—20, 2008. USA: Association for Computational Linguistics, 2008: 308—316.
④ MCDONALD R, HANNAN K, NEYLON T, et al. Structured models for fine-to-coarse sentiment analysis[C]. Proc. of ACL, 2007: 432—439.

大宇,2016)①。综上所述,在线评论的观点挖掘由篇章级和句子级的观点分类的粗粒度研究,渐渐转向以识别观点表达的多个语义成分的细粒度研究。

目前,无论是基于词典的或基于语料的情感一元抽取和篇章级、句子级的在线评论情感倾向性分析研究,还是基于领域本体的方面情感二元组抽取和基于实体方面二层结构的五元组抽取的方面级情感倾向性分析研究,都很少探究方面之间的层次关系以及用户对产品态度整体与局部的层次关系。该领域的研究趋势是通过对在线评论进行更为细粒度的情感分析,减轻在线评论的信息过载与信息迷航、提炼出更个性化的产品方面以进行更精准的在线评论管理;将在线评论按照不同的方面进行分类、抽取与聚合,提出一种可实现多层次挖掘的在线评论观点挖掘方法,从方法和实践两个层面丰富对文本观点挖掘领域的理解与认识。

基于五元组的分析框架,通过形式化地定义观点,给出扩展的实体、关系、方面、情感、观点持有者和观点发表时间六元组框架。

定义1 实体:实体 e 可以是一个产品、一项服务、一个人、一种事件、一个组织或一个主题,表示领域概念。实体与一个序对(T,W)相关联,其中 T 是一个层次化的部件集合,W 是实体(部件或子部件)的属性集合。

根据此定义,一个实体可表示为由实体自身根节点、部件或子部件非根节点和二元关系的连接构成的树状结构或网状结构。类似于面向对象技术中使用类的形式来表示概念。例如,某本书是一实体,它由内容、形式、价值、服务、类型5部分组成,它还拥有作者、出版社等属性。图书内容也拥有资讯属性、教育属性、工具属性、文艺属性、娱乐属性和

---

① 李大宇,王佳,文治,等.面向电影评论的标签方面情感联合模型[J].计算机科学与探索,2016(12):300—307.

学术属性。

定义 2　方面(aspect)：实体 e 的方面是实体 e 的部件和属性。

定义 3　实体名称和实体表达：实体名称是用户给予实体的名称，表示概念的通用术语。实体表达是指在文本中指示该实体的一个具体的词或短语，表示概念的同义词集。

定义 4　方面名称和方面表达：方面名称是用户给予方面的名称，表示对概念的特殊化，与概念间具有种属继承关系。方面表达是指在文本中指示该方面的一个具体的词或短语，表示概念的下位词集。

定义 5　显式方面表达：使用名词或名词短语表示的方面表达称之为显式方面表达。在图书领域，一个方面可以被命名为"装帧设计"。有很多表达方式指向这个方面，例如，"平装""精装""纸板书""电子书""活页"等。

定义 6　隐式方面表达：非名词或名词短语表示的方面表达称之为隐式方面表达。隐式表达通常使用形容词和副词，暗指某一些具体的方面，例如贵(价钱)、薄(纸张薄或书的内容少)等。"孩子很喜欢，插画很漂亮"中的插画是显式方面表达；而"这本书挺好，就是有点薄，容易破"就是指图书的纸张这个隐式方面表达。

定义 7　关系和关系集合：关系是实体与方面之间的交互作用。关系集合中的每个元素是一个实体和方面的二元组，表示实体与方面之间的二元关系。

SUMO 顶层本体中定义类间的关系，具体包括整体—部分关系 has part of、同义关系、反义关系、转指关系及指示关系。

定义 8　关系名称和关系表达：关系名称是用户给予关系的名称，表示关系的类型。关系表达是指在文本中指示该关系的一个具体的词或短语。

定义 9　等级关系和非等级关系：等级关系是本体以树状结构反映各大类及各实例间的联系。非等级关系是本体以网状结构反映各大类及各实例间的联系。

定义 10　观点：观点是一个六元组 ($e_i, a_{ij}, r_{ij}, oo_{ijkl}, h_k, t_l$)。其中，$e_i$ 是实体名；a_{ij} 是实体 e_i 的一个方面；r_{ij} 是实体 e_i 与方面 a_{ij} 之间的二元关系；oo_{ijkl} 是实体 e_i 的方面 a_{ij} 的情感；h_k 是观点持有者；t_l 是观点持有者表达观点的时间。

为了实现在给定的观点文本集合中发现所有的观点六元组的观点挖掘目标，需要完成实体抽取和归并、关系抽取和归并、方面抽取和归并、观点持有者与时间抽取、方面情感分类和生成观点六元组 6 项任务。

2.3　本章小结

近 10 年来，国内外学者在不断探索在线评论的测度和文本挖掘方法的基础上，对在线评论与销售绩效间的关系进行了大量的实证研究，研究结论包括正相关、负相关、不显著等多种形态关系。这表明，在线评论对销量的影响不仅取决于在线评论维度的选取与测度等自身因素，还取决于在线评论的产品类别、来源平台差异、文化语境等情境因素。由于在线评论分析的领域性较明显，本章仅以图书领域为例，对国内外已有的图书在线评论与销量关系的实证研究进行系统的归纳和总结，旨在为研究者进行比较规范的实证研究提供思路。学术界对于在线评论的观点挖掘研究从粗粒度情感分类转向细粒度的观点挖掘，从浅层内容挖掘转向深层观点聚合。本章还对在线评论观点挖掘方法和方面级观点挖掘方法分别进行梳理和总结，为下一章在线评论观点挖掘研究提供逻辑基础和研究框架。

第3章
图书在线评论观点挖掘方法研究

3.1 图书在线评论的语料库构建

语料库是基于机器学习方法的在线评论观点挖掘的重要基础。中文公开语料平台有国家现代汉语语料库、宾州中文语料库和复旦大学的文本分类测试语料库等。语料库适合用于训练文本情感识别模型、情感词汇本体的自动学习和情感倾向分析等工作。但现有语料库存在规模较小、缺乏较细颗粒度标注等缺陷,导致应用范围受限;另外,当前国内语料库较缺乏统一的评价标准和有广泛影响力的实验平台,在研究中方法和结论的有效性难以得到验证。

利用火车采集器软件、R语言工具包和自编网络爬虫在亚马逊网、当当网、豆瓣读书、微信读书、新浪读书和网易读书等平台上爬取书评数据,将在线评论按信息来源和图书类别分类,并完成语料的初步情感标注工作,形成基础语料库;利用中科院计算所的NLPIR开发包、武汉大学ROST CM6软件、哈尔滨工业大学的LTP平台以及其他开源程序并结合搜狗细胞词库和网络流行语作为用户词典进行分词处理、分句处理、词性标注和词频统计等数据预处理;利用图书名称和ISBN等标识进行数据关联,实现中文在线评论的语料数据准备。

3.2 面向图书在线评论的领域情感词典构建

在线评论情感词典是评价词自动抽取的关键和情感计算的前提。目前相关学者大多选择 How Net 情感词典采用基于语义相似度的方法和人工修正扩展基础情感词典：陈晓东(2012)基于点互信息法扩展了未登录情感词典①；杨超等人(2010)人工建立了修饰词词典等②；陈柯宇和何中市(2017)构建了酒店评论情感词典③；徐琳宏等人(2008)建立了电影评论情感词典④；郭顺利和张向先(2016)构建了图书评论情感词典⑤；等等。基于 How Net 词典的领域情感词典构建过程中忽略了情感词的领域依赖性，也忽略了网络语言灵活性的特点。另外，组合情感词典的构建研究较少。

情感词典的构建基本等价于词语级情感分析任务，还可有效地辅助方面级、句子级、篇章级的情感分析任务。面向中文图书在线评论需要整合 How Net 情感词典、NTUSD 情感词典、大连理工大学情感词汇本体库形成初始基础情感词典，采用哈尔滨工业大学的同义词词林扩展基础情感词典，并利用搜狗实验室提供的互联网词库 Sougou W

---

① 陈晓东.基于情感词典的中文微博情感倾向分析研究[D].武汉：华中科技大学,2012.
② 杨超,冯时,王大玲,等.基于情感词典扩展技术的网络舆情倾向性分析[J].计算机系统,2010(4)：691—695.
③ 陈柯宇,何中市.基于情感词典的酒店评论情感分类研究[J].现代计算机,2017(6)：3—6.
④ 徐琳宏,林鸿飞,赵晶.情感语料库的构建和分析[J].中文信息学报,2008(1)：116—122.
⑤ 郭顺利,张向先.面向中文图书评论的情感词典构建方法研究[J].现代图书情报技术,2016(2)：66—74.

词频信息过滤低频情感词;采用基于连接关系和 SO‑PMI 的未登录情感词典构建方法,将基础情感词典中经高频过滤后的情感词作为种子情感词集,以评论语料库中的形容词等作为未登录情感词,通过点互信息理论计算未知词与褒义、贬义种子词集的共现程度,依据未知词与褒义、贬义种子词集的紧密程度判断其情感倾向,利用语句中的连接词语来判断前后词语的情感倾向关系;采用人工方式采集网络情感词典、修饰词词典、否定词词典以及表情词词典;从而构建面向中文图书在线评论的领域情感词典,实现中文图书在线评论的领域情感词典数据准备。

考虑到否定词、程度副词和转折词在句子中的作用,本研究的词汇知识库由 3 类词典构成,如表 3‑1～表 3‑3 所示。

表 3‑1 否定副词词典

否定副词	不 非 别 甭 不必 不曾 不要 没 没有 莫 不用 何必 何须 何曾 何尝 空 白 干 徒 徒然 无能 未 未曾 未尝 无需 毋庸 勿 否

表 3‑2 程度副词词典

赋值	程度副词
1.5	最 最为 极 极为 极其 极度 极端
1.4	太 至 至为 顶 过 过于 过分 分外 万分 何等
1.3	很 挺 怪 老 非常 特别 相当 十分 甚 甚为 异常 深为 蛮 满 够 多 多么 殊 何其 尤其 无比 尤为 超 更 更加 更其 更为 越 越发 备加 愈 愈加 愈发 愈益 愈为 越加 格外 益发 太 忒 深为 不胜 真 殊 特 何等
1.2	不甚 不胜 好 好不 颇 颇为 大 大为
1.1	稍稍 稍 稍稍 稍微 稍许 略微 略为 多少 些微 些许 略 略略
0.9	较 比较 较为 还
0.8	多少 有点儿 有点 有些

表 3-3 转折词词典

关系类型	含义及强调成分	关联词	强度（前者：后者）
并列	并举分句,不表示强调	和 跟 同 及 与 并 并且 而	1∶1
承接	承上启下,强调前者	一…就…	1.25∶1
递进	表示进一层,强调后者	并 并且 而且 况且 不但…而且… 不仅…并且…	1∶1.5
选择	表示非此即彼	或 或者 或是 不是…就是… 要么…要么… 是…还是…	1∶1
		宁可…也不…	0.75∶0.5
转折	表示转折,强调后者	但 但是 可是 然而 而 不过 虽然…但是…	0.75∶1.5
假设	强调前者	如果 假设 假若 倘若 要是 只要 即使 倘使 要不是 倘若…就…	1.25∶1
条件	强调前者	只有 除非 无论 不论 只有…才…	1.25∶1
因果	前因后果,强调前者	因为 所以 因此 以致	1.25∶1

3.3 图书领域本体构建方法

3.3.1 本体的概念与分类

本体的概念最初起源于哲学领域,其在哲学中的定义为:对世界上客观存在物的系统地描述,即存在论。Neches 等人将本体引入人工智能领域并定义为:给出构成相关领域词汇的基本术语和关系,及利用这些术语和关系构成的规定这些词汇外延的规则的定义[①]。Gruber

---

① NECHES R, FIKES R, FININ T, et al. Enabling Technology for Knowledge Sharing [J]. AI Magazine, 1991, 12(3): 36—56.

提出了本体定义：本体是概念化的明确的规范说明①。Borst 将 Gruber 的本体定义引申为：本体是共享的概念模型的形式化的规范说明②。Studer 给出了本体定义：本体是共享概念模型的明确的形式化规范说明③。在国内，陆汝钤等将本体定义为：本体是关于某个主题的形式化和说明性表示，包括它的论域、论域中诸对象的名称、定义及相互关系。本体作为一种思想、理论和方法，虽然定义众多，但概括起来这些定义都包括概念化、明确、形式化和共享 4 个方面。

Maedche 提出了本体的五元组结构，认为本体结构是一个概念、关系、等级关系、非等级关系和本体公理的五元组。从本体结构可见，本体学习的主要任务包括概念获取、概念间关系获取以及公理获取等 3 个部分④。Perez 等人归纳出本体是由类或概念、关系、函数、公理、实例 5 个基本的建模元语构成。其中，类是具有某些相同属性的实例的集合；关系代表了在领域中概念之间的交互作用；函数是一种特殊的关系；公理是永真的断言，是本体中的约束；实例表示现实世界中的具体对象⑤。Guarin 提出本体依照领域依赖程度可细分为

---

① THOMAS R GRUBER. Toward Principles for the Design of Ontologies Used for Knowledge Sharing, Revision: August 23, 1993.
② BORST W N. Construction of Engineering Ontologies for Knowledge Sharing and Reuse. PhD thesis, University of Twente, Enschede, 1997.
③ STUDER R, BENJAMINS V R, FENSEL D. Knowledge Engineering, Principles and Methods. Data and Knowledge Engineering, 1998, 25(1—2): 161—197.
④ ALEXANDER MAEDCHE. Ontology Learning for the Semantic Web [M]. Kluwer Academic Pub, 2002.
⑤ PEREZ A G, BENJAMINS V R. Overview of knowledge sharing and reuse components: Ontologies and problem-Solving methods //Benjamins V. Proceedings of the IJCAI299 workshop on Ontologies and Problem-Solving Methods (KRR5) Amsterdam: CEUR, 1999: 1—15.

顶层本体、领域本体、任务本体和应用本体 4 类①。顶层本体描述的是最普通的概念及概念之间的关系,如空间、时间、事件、行为等等,与具体的应用无关,其他种类的本体都是该类本体的特例;领域本体描述特定领域中的概念及概念之间的关系;任务本体描述特定任务或行为中的概念及概念之间的关系;应用本体描述依赖于特定领域和任务的概念及概念之间的关系。本体建模总体上可分为归约制定、概念化和实现 3 个阶段。规约制定阶段主要确定开发本体的目的和领域;概念化阶段确定概念以及概念之间的关系;实现阶段利用本体开发工具对概念模型形式化编码。杜小勇根据数据源的结构化程度和本体学习对象的层次,将本体学习问题划分为 9 类子问题,分别阐述了问题的基本特征、常用解决方法和研究进展,并且比较了现有的本体学习工具②。

针对中文图书在线评论的多属性、多层次、多来源的特点,基于图书信息的分类框架和知识,借鉴 METHONTOLOGY 法和斯坦福大学"七步法",融合叙词表和 SUMO 顶层本体资源,提出一种面向中文图书在线评论的领域本体构建方法。在深入研究在线评论领域本体中概念间的语义关系的基础上,采用概念的唯一标识符、概念的通用术语、同义词集、下位词集、概念的关系集五元组建立领域本体的图模型,基于词性模式和双向传播方法抽取方面情感二元组,利用模式匹配方法识别整体部分关系、类属关系和方面情感关联关系,构建中文图书在线评论领域本体,实现对中文图书在线评论的方面抽取和关系抽取。

---

① GUARINO N. Semantic Matching: Formal Ontological Distinctions for information Organization, Extraction, and Integration. In: Pazienza M T, eds. Information Extraction: A Multidisciplinary Approach to an Emerging Information Technology, Springer Vedag, 1997:139—170.

② 杜小勇,李曼,王珊.本体学习研究综述[J].软件学报,2006,17(9):1837—1847.

图书在线评论信息单元之间的关系呈现非线性、多维性、模糊性，需要中文图书在线评论的多维度聚合与语义提取。采用本体工程方法，融合叙词表和 SUMO 顶层本体资源，基于词性模式和双向传播方法抽取方面情感二元组，通过隶属度算法、余弦相似度算法和模式匹配方法抽取同义关系、整体部分关系、类属关系和方面情感关联关系等，构建中文图书在线评论领域本体，能够提高中文图书在线评论的方面抽取和关系抽取的准确率。

3.3.2 图书领域本体构建

领域本体的构建主要是依赖于手工的构建，从知识工程的角度探讨本体的构建方法，强调本体构建时要按照一定的规范和标准。

3.3.2.1 本体构建的一般方法

目前本体构建主要有手工构建、复用已有本体的半自动构建以及自动构建本体 3 种方法。Gruber 提出了构建本体的 5 条规则：明确性、一致性、可扩展性、最小的编码偏差以及最小的本体承诺。在遵循以上规则的基础上，根据各自问题和具体工程的不同，形成了以下几种典型的本体手工构建方法：IDEF5 方法、骨架法、TOVE 法、Methontology 法和七步法等。IDEF5 方法创建企业本体的主要步骤是：① 组织和范围；② 收集数据；③ 分析数据；④ 本体初步开发；⑤ 本体精炼与确认。骨架法提供开发本体的基本步骤是：① 确定本体应用目的和范围；② 本体分析；③ 本体表示；④ 本体评价；⑤ 本体建立。TOVE 法提供开发本体的基本步骤是：① 设计动机；② 非形式化的系统能力问题；③ 术语的形式化；④ 形式化的系统能力问题；⑤ 使知识本体趋于完备；⑥ 将规则形式化为公理。Methontology 法提供开发化学本体的基本步骤是：① 规格说明；② 知识获取；③ 概念化；④ 系统集成；⑤ 实现；⑥ 评价；⑦ 文档化。七步法提供开发领域本体的基本步骤是：① 确定本体的专业领域和范围；② 考查复用现有本体的可能性；③ 列出本体中的重要术语；④ 定义类和类的等级体系；⑤ 定义类的属性；⑥ 定义属性的分面；⑦ 创建实例。

在线评论领域本体是评价对象自动抽取的关键。构建领域本体的一般方法有：IDEF5 法、ENTERPRISE 法、TOVE 法、KACTUS 法、METHONTOLOGY 法、SENSUS 法及七步法等。上述 7 种方法都是在具体领域本体开发过程中总结出来的，应用领域有限，方法缺乏细节描述，相关技术较少，具有一定的局限性。孙倩等人(2007)提出了基于叙词表的领域本体自动构建方法[①]。丁晟春等人(2014)提出了复用 SUMO 等顶层本体的半自动领域本体构建方法，并将其用于手机、娱乐、数码相机和计算机领域[②]。张玉峰等人(2012)复用 ENTERPRISE 本体与 TOVE 本体构建了软件企业领域本体[③]。尹裴和王洪伟(2016)构建了面向手机和数码相机的领域本体。目前国内还没有一套完整的中文图书在线评论领域本体[④]。

由于手工方法费时费力，使得本体的构建成为一项艰巨的任务；因此，如何利用知识获取技术来降低本体构建的开销是一个很有意义的研究方向。本文基于在线评论非结构化数据的本体自动构建，采用自然语言处理技术进行预处理，然后利用统计、机器学习等手段从中获取本体知识。

3.3.2.2 构建方法

基于顶层本体的评价本体构建方法是在本体思想的基础上，参考

---

① 孙倩,万建成.基于叙词表的领域本体构建方法研究[J].计算机工程与设计,2007,28(20)：5054—5056.
② 丁晟春,蔡骅.在线评论信息挖掘研究[M].北京：科学出版社,2014.
③ 张玉峰,何超.基于领域本体的语义文本挖掘研究[J].情报学报,2011,30(8)：832—839.
④ 尹裴,王洪伟.面向产品特征的中文在线评论情感分类：以本体建模为方法[J].系统管理学报,2016(1)：103—114.

现有典型的"七步法""骨架法"等本体构建方法，以图书领域为基本的研究范围，以在线评论信息为基本的研究对象，最终目标是实现图书领域中在线评论本体的构建。首先，该方法是在确定本体领域和范围的基础上，考虑复用现有的相关本体，选择本体的词汇来源，借助相关的规范词表和顶层本体对所选择的词汇进行规范化处理。其次，通过对评论信息的大量收集和研究，抽象并归纳出本体的核心大类，将核心大类作为本体的顶层类进行扩展细化，进而确定类的等级体系，同时结合评论本体构建的应用需求，分析并定义本体中类间的关系。在此基础上，定义类的属性来丰富类的内容。在定义关系和属性的过程中，选择合适的顶层本体直接复用其关系和属性定义或用以标准化本体中自定义的关系和属性。最后，将上述本体中的概念体系以 OWL 语言进行实现，使用现有的本体方法和工具对已表示的 OWL 本体进行评价。

3.3.2.3 构建步骤

图书在线评论本体建模是指根据对图书在线评论领域知识的研究和应用开发需求，将非形式化的图书在线评论领域的知识，通过形式化的方法明确地描述图书在线评论中的各种概念及概念之间的关系、实例和公理等。本文利用下面的 6 个步骤构建图书在线评论领域本体。

(1) 确定在线评论本体的领域和范围　图书领域的知识及相关概念有以下特点：① 图书领域范围广，主观性评价较多，知识组织难度大；②《中国分类主题词表》等图书领域知识提供了丰富的主题资源。根据图书领域的知识特点，构建的本体需要覆盖图书领域，能够应用于在线评论观点挖掘，能够对图书某一方面情感倾向性判定问题提供答案。

(2) 考察复用现有相关本体　在构建领域本体之前考察现有的相关领域的本体，既可以借鉴其构建方法和思路，同时便于现有本体复用到本领域本体中。

（3）选择评论本体的词汇来源　图书评论本体的词汇来源可分为概念的数据来源和指示词的数据来源。

① 概念的数据来源　图书评论本体的概念的数据来源较为广泛，大致包含了中国版本图书馆 CIP 图书信息，《中国分类主题词表》的词汇和分类关系，亚马逊中国和当当网等图书电商网站商品详情和评论信息，豆瓣读书、微信读书、新浪读书和网易读书等读书社区上的评论信息，微博、博客和各种论坛上发表的评论信息，书评相关专业书籍和学术文章中的术语，维基百科、百度百科和知乎等中文知识性百科全书中的相关概念等。

② 指示词的数据来源　指示词的数据来源分为两类：一类是中国版本图书馆 CIP 图书信息中用于度量某些属性的度量单位。二是用于表示评论者对图书的封面、装帧、内容进行评价的词汇，以网络爬取的评论文本作为这类指示词的来源。

（4）本体概念体系的构建　概念体系的构建是图书评论本体构建的重点工作，主要包括有确定本体的核心大类、确定类的等级体系、定义类间的关系、定义类的属性、定义属性的分面、创建类的实例 6 个步骤，具体如下：

① 确定本体的核心大类　依据在线评论信息的内容特征和观点挖掘应用需求，抽取出代表该领域的上层概念，将在线评论信息抽象为 4 类核心概念，即评论、评论者、指示词和评论对象。

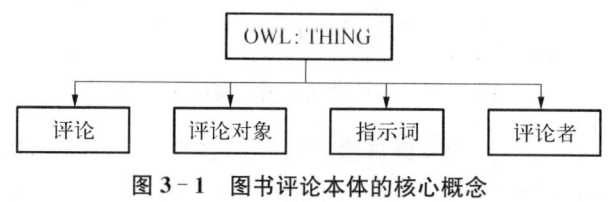

图 3-1　图书评论本体的核心概念

② 确定类的等级体系　等级体系可采用自顶向下法、自底向上法和综合法进行层次定义，结合本体的观点挖掘应用需求，本文通过自顶

向下的方式进行扩展,构建图书评论本体的基础框架。在线评论本体通过等级关系对"评论对象"和"指示词"两个核心类进行类的等级体系扩展。

——"评论对象"类的等级体系设计 评价对象依据层次关系建立树状结构的等级体系,如图3-2所示。

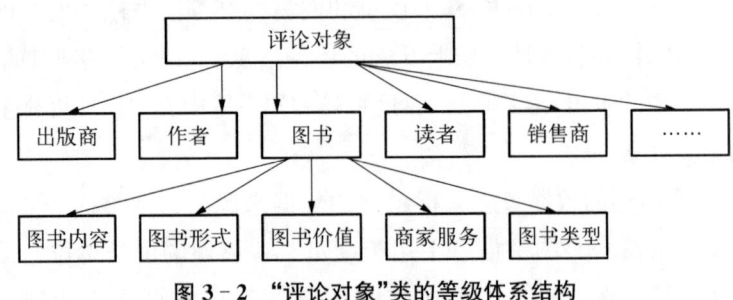

图3-2 "评论对象"类的等级体系结构

依据亚马逊网和当当网的图书分类标准,分别构建"图书类型"类的等级体系结构,如图3-3、图3-4所示。

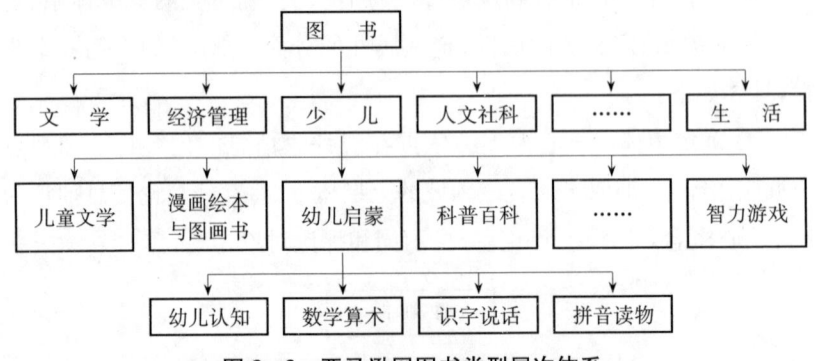

图3-3 亚马逊网图书类型层次体系

——"指示词"类的等级体系设计 根据图书评论领域中指示词的用途,可将指示词分为属性指示词和意见指示词。表3-4为图书评论本体中部分指示词及其指示评论对象的举例。属性指示词是指使用表示度量单位的词汇来指示图书属性。例如,"元"指示"图书定价","页"

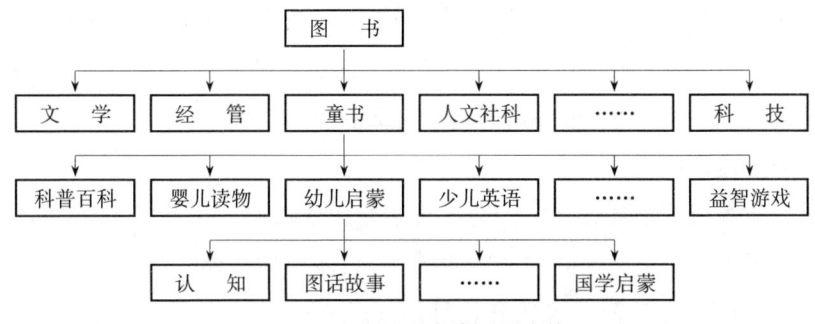

图 3-4　当当网图书类型层次体系

指示"图书页数"等。意见指示词是指使用能够表示评论者对评论对象的褒贬态度的词汇。例如,"快/慢"指示图书的物流速度,"高/低"指示图书的性价比等。

表 3-4　图书评论本体中部分指示词及其指示评论对象

指示词类别	指示词	评价对象
意见指示词	高/低	性价比、价格
	好/差	纸质
	正/盗	版本
	快/慢	物流速度
	厚/薄	纸张、页数
属性指示词	元	定价
	** 毫米×** 毫米	尺寸
	开	开本
	册	印数
	次	印次
	页	页数

③ 定义类间的关系　使用类的形式来定义概念时,概念之间的关系主要是体现在类间的等级关系和非等级关系上。等级关系以树状结构体现,非等级关系以网状结构表现。

等级关系部分主要采用继承关系(kind-of)定义类间的等级关系。

它表达概念之间的继承关系，类似于面向对象中的父类与子类之间的关系。给出两个概念 C 和 D，记 C′＝{x|x 是 C 的实例}，D′＝{x|x 是 D 的实例}，如果对任意的 x 属于 D′，X 都属于 C′，则称 C 为 D 的父概念，D 为 C 的子概念。

非等级关系部分主要是通过直接复用或者参考借鉴 SUMO 顶层本体中关系来定义类间的非等级关系，具体包括整体—部分关系（has part of）、同义关系、反义关系、转指关系及指示关系。

——整体—部分关系 整体—部分关系（P1〈构成于（has part of）〉P2）指概念 P1 与概念 P2 是构成关系。概念 P2 是概念 P1 的组成部分，主要是用于描述手机评论本体中类问的构成关系，该部分直接复用顶层本体 SUMO 中的整体部分关系。其中，"图书"类的整体—部分类共有 5 个：图书类型、图书内容、图书形式、图书价值、商家服务；"图书形式"类的整体—部分类共有 12 个：异味、纸质、印刷、包装、装帧、外观、排版、封面、封底、插图、字体、字号；"图书价值"类的整体—部分类共有 10 个：性价比、适用读者、排行榜排名、销量、发行量、再版次数、好评率、推荐率、在读人数、想读人数。"商家服务"类的整体—部分类共有 3 个：卖家服务、物流服务、平台服务。

——同义关系 同义关系（P1〈等同于（Equal）〉P2）指概念 P1 与概念 P2 表示相同的含义。

——反义关系 反义关系（P1〈相对于（contrary attribute）〉P2）指概念 P1 与概念 P2 的含义相反，或存在相对的关系。如指示词"高"与"低"，其中的反义关系为"低"〈相对于〉"高"。

——转指关系 转指关系（PI〈X〉P2）指概念 P1 对概念 P2 实施动作，关系标志 X 表示各类动作性谓词。本体中概念与概念之间的动作性关系，是非等级关系中的主要研究对象。表 3-5 中列举了手机评论本体中部分的转指关系。

表 3-5 图书评论本体中部分转指关系

关系类型	存在关系	关系名	说明
核心类间的转指关系	评论者〈描述〉评论对象	Descript	P1 描述 P2
	评论者〈使用〉指示词	Uses	P1 使用 P2
	指示词〈描述〉评论对象	Descript	P1 描述 P2
	评论〈包含〉指示词	Entail	P1 包含 P2
	评论〈有作者〉评论者	Has Author	P1 有作者 P2
	评论〈有对象〉评论对象	Has Object	P1 有对象 P2
	评论者〈发表〉评论	Write	P1 发表 P2
评论对象类与其下位类间的转指关系	图书〈有作者〉作者	Has Author	P1 有作者 P2
	作者〈写作〉图书	Write	P1 写作 P2

——指示关系 指示关系(P1〈指示(has reference)〉P2)指在商品评论文本中通常省略概念 P2 而直接用概念 P1 来表示 P2,即 P2 在文中以隐性知识存在。

④ 定义类的属性 本体中的属性表征了概念的数据特性,用以丰富类的定义。

——"评论"类的属性定义 "评论"类包含 9 个属性,即评论标题、评论正文内容、评论标签、评论数量、总体评分、等级评分、评论发表时间、评论有用性投票和评论情感倾向性,其定义域均为评论,评论发表时间值域为 Date time(日期),其余值域为 String(字符串)。

——"评论者"类的属性定义 为了说明评论者的特征,本书对"评论者"类定义了 9 个属性,即用户名、用户等级、用户 ID、购买情况、专业背景、学习方向、学习兴趣、阅读经历、阅读预期。这 9 个属性的定义域均为评论者,值域均为 String。

——"指示词"类的属性定义 "指示词"类共有属性是指示词的词性,其定义域为指示词,值域为 String。另外,定义意见指示词类的情感倾向性属性,定义域为意见指示词,值域为 String。

——"评论对象"类的属性定义 "评论对象"类的属性按照其 5

个子类可分为5类属性:"图书"类属性、"作者"类属性、"读者"类属性、"出版商"类属性和"销售商"类属性。每一本图书作为实例都有相应的"图书"类属性(基本属性、图书类型属性、图书内容属性、图书形式属性、图书价值属性和商家服务属性)和其他类属性,如表3-6所示。

表3-6 图书评论本体中的数据属性举例

类型	属性名	定义域	值域
评论	评论标题	评论	String
	评论正文内容	评论	String
	评论标签	评论	String
	评论数量	评论	String
	总体评分	评论	String
	等级评分	评论	String
	评论发表时间	评论	String
	评论有用性投票	评论	String
	评论情感倾向性	评论	String
评论者	用户名	评论者	String
	用户等级	评论者	String
	用户ID	评论者	String
	购买情况	评论者	Boolean
	专业背景	评论者	String
	学习方向	评论者	String
	学习兴趣	评论者	String
	阅读经历	评论者	String
	阅读预期	评论者	String
指示词	词性	指示词	String
	情感倾向性	意见指示词	String

续 表

类型			属性名	定义域	值域
评级对象	图书	基本属性	总体情感倾向性	图书	String
			正书名	图书	String
			作者	图书	String
			出版单位	图书	String
			出版地	图书	String
			出版时间	图书	String
			开本	图书	String
			尺寸	图书	String
			版次	图书	String
			印次	图书	String
			正文语种	图书	String
			页数	图书	String
			印数	图书	String
			CIP核准号	图书	String
			ISBN	图书	String
			ASIN	图书	String
			标题	图书	String
			副标题	图书	String
			装帧方式	图书	String
			丛书名	图书	String
			字数	图书	String
			纸张	图书	String
			主题词	图书	String
			内容摘要	图书	String

续 表

类 型			属 性 名	定义域	值域
评级对象	图书	基本属性	编辑推荐	图书	String
			作者简介	图书	String
			目录	图书	String
			前言	图书	String
			后记	图书	String
			媒体评论	图书	String
		图书类型	中图分类法	类型	String
			亚马逊网分类法	类型	String
			当当网分类法	类型	String
		图书内容	资讯属性	时效性	内容	String
				角度	内容	String
				观点	内容	String
				故事	内容	String
			教育属性	思想性	内容	String
				知识性	内容	String
				指导性	内容	String
				科学性	内容	String
			工具属性	内容丰富程度	内容	String
				语言文字通顺程度	内容	String
				内容通俗程度	内容	String
				内容难易程度	内容	String
				实用性	内容	String
				针对性	内容	String
				操作性	内容	String

续　表

类　型			属 性 名	定义域	值域
评级对象	图书	图书内容 / 文艺属性	共鸣	内容	String
			互动	内容	String
			格调	内容	String
			创意	内容	String
		图书内容 / 娱乐属性	生动性	内容	String
			趣味性	内容	String
		图书内容 / 学术属性	创新性	内容	String
			前沿性	内容	String
			学术规范性	内容	String
			学科领域信息	内容	String
		图书形式	异味	形式	Boolean
			纸质	形式	String
			印刷	形式	String
			包装	形式	String
			装帧	形式	String
			外观	形式	String
			排版	形式	String
			封面	形式	String
			封底	形式	String
			插图	形式	String
			字体	形式	String
			字号	形式	String
		图书价值	性价比	价值	String
			价格	价值	Float

续 表

类 型			属 性 名	定义域	值域
评级对象	图书	图书价值	排行榜排名	价值	Int
			销量	价值	Int
			发行量	价值	Int
			再版次数	价值	Int
			好评率	价值	Float
			推荐率	价值	Float
			在读人数	价值	Int
			想读人数	价值	Int
		商家服务	物流速度	服务	String
			物流人员态度	服务	String
			卖家态度	服务	String
			商品与描述符合	服务	String
			投诉响应	服务	String
	作者		姓名	作者	String
			年龄	作者	String
			国籍	作者	String
			生平	作者	String
			研究方向	作者	String
			著作	作者	String
			经历	作者	String
			写作本书过程	作者	String
			社会影响力	作者	String
			从业领域	作者	String
			受教育程度	作者	String
			所属研究机构	作者	String

续　表

类　型		属　性　名	定义域	值域
评级对象	出版商	出版社名称	出版商	String
		出版社代码	出版商	String
		出版地	出版商	String
		编辑声誉	出版商	String
		插图画家声誉	出版商	String
		翻译者声誉	出版商	String
		品牌	出版商	String
		传媒兴趣	出版商	String
		图书宣传与广告	出版商	String
	读者	适读对象	读者	String
		前提知识	读者	String
		读者兴趣	读者	String
		阅读场所	读者	String
		阅读时间	读者	String
		读者需求	读者	String
		阅读终端	读者	String
	销售商	商家名称	销售商	String
		码洋	销售商	String
		册数	销售商	String
		品种	销售商	String
		销售渠道	销售商	String
		最低价格	销售商	String
		折扣率	销售商	String

⑤ 定义属性的分面　说明属性的取值类型、取值个数及有关值的其他特征。

⑥ 创建类的实例　实例是类的个体，继承所属类的所有属性和关系。定义类的实例需要选取某一类并添加属于此类的具体实例及其属性值。例如，"图书"类的一个实例的相关属性值如表3-7所示。

表3-7 《好妈妈胜过好老师》的"图书"类实例

属　性	实例基本属性值
书　名	好妈妈胜过好老师
作　者	尹建莉
出版商	作家出版社
出版时间	2014年11月
价格/元	35.00
开本/开	16
印　次	1
ISBN	9787544845328

（5）本体的OWL实现与评价　借助现有的本体开发工具protégé，以万维网联盟（W3C）组织推荐的OWL本体表示语言进行本体的表示和实现。本体的评价需要通过制订本体评价标准对所建本体的概念体系及逻辑结构进行评价，并通过领域专家从专业角度进行审核和评价。

根据图书领域知识的特点及观点挖掘的需要，结合本体构建工具，给出图书领域本体知识库的构建步骤：

① 根据图书领域的知识结构，选择本体编辑工具protégé4.3版本和可视化工具graphviz-2.36版本的本体工具与OWL语言形式化表述本体；

② 从文本语料中搜集图书构成部件，通过对文本内容的分析得到图书领域中核心概念；

③ 定义图书领域的等级体系，确定图书评论本体中概念及其概念

间关系的获取；

④ 借助选定的本体编辑工具,构建面向观点挖掘的图书评论本体,创建类、属性、关系和实例；

⑤ 利用 graphviz-2.36 本体可视化工具,实现本体可视化；

⑥ 构建图书领域的在线评论本体函数集和公理集,利用本体推理工具实现面向观点挖掘的图书评论本体推理；

⑦ 对图书在线评价的本体知识库进行维护,定期更新本体知识库。

本文选择 protégé4.3 作为构建工具,运用 JambalayaTab 插件形成的核心类间的语义关系,如图 3-5 所示。

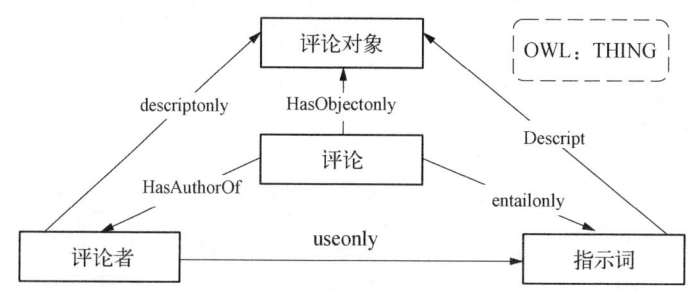

图 3-5　图书评论本体中核心类间的语义关系图

3.3.2.4　结论

本节通过对本体构建方法的研究,借鉴了本体工程中 Mike Uschold 和 King 的"骨架法",及斯坦福大学的"七步法",融合了叙词表和顶层本体 SUMO 资源的优势,提出了图书在线评论本体构建方法；将在线评论信息抽象为 4 类核心概念,即评论、评论对象、指示词和评论者,通过分析在线评论信息中各要素间的内在联系,针对图书评论信息,通过等级关系重点针对"评论对象"和"指示词"2 个核心类及其属性定义进行了扩展,实现了对在线评论信息中各要素的语义特性的表述。

3.4 方面情感分类方法

标记框架包括 3 个层次：文档、段落和句子。

（1）句子层　情感标记基础层，包括基本词性标注、评价词情感强度标注、情感词情感强度标注、程度词标注、否定词标注、连接词标注、修辞句标注、标点标注等。

（2）段落层　比句子层更高的层次。除了基本标注，还应有反映段落主题的主题词的标注，能表达段落主要观点的主题句数量标注。

（3）文档层　标注的最高层，它的标注跟段落层类似。

3.4.1 在线评论预处理

（1）在线评论语料的获取　数据来源于亚马逊网童书数据，选取幼儿启蒙、儿童文学、漫画绘本与图画书、科普百科、少儿英语、国学启蒙、音乐舞蹈、绘画书法、儿童手工、智力游戏、励志与成长、生活知识和立体书 13 个图书子类，每个图书子类的人气排名 Top1 200 的共计 15 600 本图书在线评论。

（2）分句处理　评论者在发表评论时，存在使用标点符号不规范甚至以空格、"/"等特殊字符作为分句标示等。中文在线评论通常以"。"". "，"",""？""?""："":""~""~""…""！""!""；";"" %""%"等中英文全、半角标点符号及其多重符号作为分句的标示。中文分句遇到包含句的标点时，需进行相应处理，比如成对的"《》""""''""{}""（）""()""【】""""""{}""[]"等。

（3）中文分词与基本词性标注　中文分词是指将连续的字序列按照一定的规范重新组合成词序列的过程。英文单词之间是以空格作为自然分界符的；中文只是字、句和段能通过明显的分界符来简单划界，唯独词没有一个形式上的分界符，需要进行分词处理。现有的分词算法可分为三大类：基于字符串匹配的分词方法、基于理解的分词方法和基于统计的分词方法。词性标注是指从评论的句子中识别词性并添加词性标签的过程。按照分词是否与词性标注过程相结合，又可以分为单纯分词方法和分词与标注相结合的一体化方法。通常采用中科院计算所的 NLPIR 开发包 ICTCLAS、R 语言中 Rwordseg 包、Java 语言开发的 Paoding 中文分词和 IKAnalyzer 分词器等开源工具进行分词和词性标注。词性标注集采用计算所一级标注级、计算所二级标注集、北大一级标注集和北大二级标注集。

(4) 去停用词　为了提高文本处理的效率和进行降噪处理，需要对出现频率高却没实际意义的词语进行过滤筛选，这些词语包括语气助词、副词、代词、介词、连词等。过滤掉的词语称为停用词（Stop Words）。

3.4.2　方面标注

在图书评论中，本文考虑图书的内容、形式、价值、服务 4 个方面。在方面标注阶段，针对分词、词性标注、去除停用词和高频过滤后的分句，如果方面表达式存在于领域本体，标注为相应的方面。在用户评论中有可能存在不是针对某个方面的评论，或是针对产品整体的评论，将其归入"总体"类。这样本文将考虑图书总体、内容、形式、价值、服务 5 个方面进行情感分析。如果只包含同一类型的方面表达的评论，则称之为简单方面表达句。如果包含两种以上类型的方面表达的评论，则称之为复杂方面表达句。如果复杂方面表达句的当前方面类型与上一个方面不同，则将复杂方面表达句进行分句处理，划分成多个简单方面表达句。例如，"特意看完以后再来评价，插图美观，纸张较好，无错别字,很喜欢!"这句评论有 4 个简单方面表达句,根据已建立的领域本体得到 4 个方面:插图、纸张、校对、总体。

3.4.3 情感词与情感短语标注

在这一步,对每一个包含一个或多个方面的句子,标记句子内的所有情感词和短语。每一个表达肯定观点的情感词被赋予一个值为+1 的情感得分,每一个表达否定观点的情感词被赋予一个值为-1 的情感得分。例如,对于句子"非常不错。纸张偏薄。但是价格相当实惠啊!"经过这一步操作后,句子变为"非常不错[+1]。纸张偏薄。但是价格相当实惠[+1]啊!"这里的"薄"需要结合上下文推断出评价词的情感。

按已经建立的情感本体库,对语料进行评价词和情感词标注,"非常不错。纸张偏薄。但是价格相当实惠啊!"这个评论通过情感标注有一个情感词和两个评价词。提取出 3 个特征类:总体、纸张、价格。评价词针对各个方面进行标注,情感词针对总体进行标注。假设评价词和情感词标注的情感值为 1 或-1,则这个评论的输出结果:总体情感表达:+1;纸张:-1;价格:+1。

3.4.4 情感极性分析

通常,中文情感分析采用基于 HowNet 的语义相似度来进行情感极性的判别。该方法计算观点词与褒贬基准词的语义相似度,从而判断观点词的情感倾向。在 HowNet 中,词语之间的语义相似度可以通过计算义原在网状层次结构中的距离来衡量,观点词与某一类基准词的语义相似度越高,表明它们在极性倾向上的关联性越大。综合朱嫣岚等人(见表 3-8)和李钝等人(见表 3-9)构建的褒贬义基准词集合的基础上,选取 10 组情感词作为褒贬义基准词,计算观点词与基准词的语义相似度差值来判定词语的褒贬极性,实验结果取得较高的查全率,如表 3-10 所示。

表 3-8　40 组褒贬基准词

类　型	基　准　词
褒义	健康 安全 天下第一 美丽 超级 保险 卫生 天使 英雄 精选 快乐 权威 稳定 优秀 高级 精英 最好 最佳 幸福 容易 高手 文明 积极 著名 漂亮 完美 简单 和平 开通 真实 先进 便宜 优质 欢乐 美好 良好 不错 出色 成熟 完善
贬义	不合作 黑客 疯狂 错误 事故 非法 失败 背后 麻烦 不良 病人 恶意 色情 暴力 黄色 浪费 落后 漏洞 有害 讨厌 自负 不安 魔鬼 花样 野蛮 陷阱 不当 腐败 无情 失误 淫秽 流氓 虚假 残酷 变态 脆弱 不合格 愚人 恶劣 恶魔

表 3-9　40 组褒贬基准词

类型	名　词	动　词	副　词	形　容　词
褒义	收获 幸福 喜讯 善意 杰作 英雄 精英 爱心 模范 毅力	遵循 得到 增多 喜欢 节省 夸奖 揭露 成功 享受 喜悦	尽可能 老老实实	安全 幸福 快乐 顺利 热情 整齐 文明 聪明 真实 漂亮 不错 健康 简单 热闹 可爱 优秀 积极 精美
贬义	错误 折磨 仇恨 耻辱 恶意 暴力 隐患 阴谋 流氓 色情	违背 失去 减少 厌恶 浪费 谴责 藏匿 失败 遭受 悲哀	无故 徒	迟钝 虚假 丑陋 虚弱 凄凉 讨厌 有害 腐败 肤浅 不幸 艰难 危险 狡猾 消极 自卑 疯狂 傲慢 失败

表 3-10　10 组褒贬基准词

类　型	基　准　词
褒义	良 优秀 快乐 漂亮 美好 文明 健康 喜欢 精英 便宜
贬义	莠 错误 悲哀 丑陋 恶劣 暴力 有害 讨厌 流氓 虚假

基本思路如下:

设有 k 对褒贬义基准词,即褒义词和贬义词各有 k 个,key_P 为褒义基准词，key_N 为贬义基准词，sim(key_P,w) 为观点词 w 与褒义基准词的语义相似度，sim(key_N,w) 为观点词与贬义基准词的语义相似度，则 w 的情感值 $Sensibility(w)$ 的计算式为

$$S_O(w) = \sum_{i=1}^{k} \text{sim}(\text{key\_}P_i, w) - \sum_{j=1}^{k} \text{sim}(\text{key\_}N_j, w).$$

若 $S_O(w) > 0$，则 w 与褒义基准词的关联更紧密，说明 w 更倾向于褒义；若 $S_O(w) < 0$，则 w 更倾向于贬义；若 $S_O(w) = 0$，则 w 的情感趋于中性。

3.4.5 程度词标注

中文评论中的程度词出现频率很高，而且经常和情感词汇同时出现，以加强评论的情感强度。为了准确地衡量用户评论的情感强度，在情感词的上下文设置一个检测窗口，本文采用的窗口大小为 5。如果在检测窗口内有程度词出现，则按程度词的等级差别相应增加情感词的情感强度，从高到低依次增加 1.5~0.8 倍。

情感词结合程度副词后的情感得分通过下式计算：

$$S_O(phrase) = \text{Value}(\text{adv\_deg}) S_O(w).$$

其中：$S_O(phrase)$ 表示抽取出的 phrase 的情感值；$S_O(w)$ 表示情感词 w 的情感值（即情感类的归属度）；Value(adv_deg) 表示程度副词 adv 的强度值。例如，"非常满意"的情感值 $= 1.3 \times 0.60 = 0.78$。

3.4.6 否定词标注

对否定词的分析和标记将对情感的准确分析有很大帮助。当句子中出现了满足规则的否定词时，能改变词组的情感倾向。为情感词上

下文设置了一个大小为 5 的检测窗口,若在检测窗口内出现否定词,就对句子情感倾向取反。检测窗口的大小是一个根据实验得到的词数,即考察分词后情感词和否定词之间相距的词的数目。

$$S_O(phrase) = (-1)^n S_O(w).$$

其中: $S_O(phrase)$ 为抽取出的词组的情感值; n 为满足否定规则时对于词语 w 而言否定副词的出现次数。例如,"不满意"的情感值=$(-1.0) \times 0.60 = -0.60$。

3.4.7 情感强度分析

情感强度通常是通过程度副词和否定副词来体现。中文评论中出现副词的频率很高,且经常和情感词同时出现,用以加强、削弱情感强度或改变情感极性。为此,可在情感词的上下文设置一个检测窗口。如果在检测窗口内有副词出现,若是程度副词则按强度量级相应地增强或削弱情感词的情感强度,若是否定副词则相应地反转情感极性。情感词结合副词后的情感得分通过下式计算:

$$S_O(opinion\,phrase) = \prod Value(conj) \prod Value(adv\_deg)$$
$$\prod Value(adv\_neg) S_O(w).$$

式中: $opinion\,phrase$ 为由情感词 w , m 个程度副词 adv_deg , n 个否定副词 adv_neg 和 t 个转折连词 $conj$ 结合的观点组合; $S_O(opinion\,phrase)$ 为整个观点组合的情感得分; $S_O(w)$ 为情感词 w 的情感值; $Value(adv\_deg)$ 为程度副词的强度量级; $Value(adv\_neg)$ 为否定副词的强度量级, $Value(conj)$ 为转折连词的强度量级。假设情感词"满意"的情感值为 0.60,程度副词"非常"的强度量级为 1.3,否定副词"不"的强度量级为 -1.0,则观点组合"非常不满意"的情感得分为 1.3×

$(-1.0) \times 0.60 = -0.78$。

3.4.8 标点标注

标点符号对读者来说传递着各种不同的情感信号。主要考虑标点"！"和"？"对句子情感类强度的影响。为此，在句子层面，将带有情感色彩的"！"和"？"标注出来，并分别规定"！"和"？"对句子情感类强度的影响为 1.2 倍和 0.5 倍。计算结合标点"！"和"？"后的句子情感值。

$$S_O(sentence) = Value(pun) S_O(s)。$$

其中：$S_O(sentence)$ 表示抽取出的句子 $sentence$ 的情感值；$S_O(s)$ 表示未考虑标点时句子 s 的情感值；$Value(pun)$ 表示标点符号 pun 的强度值。

例如：（9）很不错，值得购买！句子（9）的情感值 $S_O(sentence) = 1.0 \times 1.2 = 1.2$。（10）是正版吗？句子（10）的情感值 $S_O(sentence) = 1.0 \times 0.5 = 0.5$。

3.4.9 修辞句标注

几种修辞方法的判断规则定义如下：① 比喻，这里以明喻为主，以比喻词"像、似、仿佛、犹如、似的、一样、如、宛如、成"等为判断标准，辅以人工判断；② 对偶，这里以单句对偶判断为主，以前后相邻两单句字数相同为判断标准，辅以人工校正；③ 排比，以连续两个单句以上字数相近（字数相差不超过 2 个）为判断标准，辅以人工校正；④ 重复，这里以连续反复为主，文本里有重复单句或相邻词语重复，则判断为重复。规定它们对句子情感类强度的影响分别为 1.1，1.2，1.3，1.4；计算结合修辞方法后的句子情感倾向值。

$$S_O(sentence) = Value(rhe) S_O(s)。$$

其中：$S_O(sentence)$ 表示抽取出的句子的情感倾向值；$S_O(s)$ 表示未考虑修辞方法时句子 s 的情感倾向值；$Value(rhe)$ 表示修辞方法 rhe 的强度值。

3.4.10　方面情感聚合

对情感得分应用观点聚合函数以确定一个句子内某一方面最终的情感倾向。设句子包含了方面 $\{a_1, a_2, \cdots, a_m\}$ 和情感词或短语 $\{sw_1, sw_2, \cdots, sw_n\}$。句子 s 中每一方面 a_i 的情感倾向由下面的情感聚合函数确定。

$$Score(a_i, s) = \sum_{sw_j \in s} \frac{S_O(sw_j)}{Dist(sw_j, a_i)}。$$

其中：sw_j 是句子 s 中的情感词或短语；$Dist(sw_j, a_i)$ 是句子 s 中方面 a_i 与情感词 sw_j 的距离；$S_O(sw_j)$ 是情感词 sw_j 的得分；乘法逆用来给远离方面 a_i 的情感词较低的权重。如果最终结果为正，表示句子 s 中方面 a_i 的观点是肯定的；如果最终结果为负，表示句子中方面 a_i 的观点是否定的；否则，观点中立。

3.4.11　句子级情感分析

在对句子分词和词性标注的基础上，判断句中词语是否为情感词汇。如果出现情感词汇，通过情感词典获取情感强度，再检测窗口范围内是否有否定词、程度词；如果有，则进行相应处理。当一个句子出现多个属于同一个情感类的情感词汇组时，情感类的强度取这几个情感词汇组强度的平均值。最后再结合标点和修辞方法的作用，确定句子的情感类和强度。

3.5 图书在线评论文本挖掘原型系统研究

互联网时代，大量的新闻信息、网络交互、舆情信息以文本形式存储在数据库中，如何利用数据分析和文本挖掘的算法，将海量文本的价值挖掘出来，成为一个研究问题。本文基于在线评论数据构建并实现了一个图书在线评论数据采集与在线统计分析平台。该平台首先通过爬虫算法获取图书在线评论文本并进行预处理，利用ICTCLAS方法的开源工具进行自动分词、词频统计和高频筛选，将处理后的评论文本进行词云可视化。该平台能够直观显示图书在线评论的关注点，以《窗边的小豆豆》在线评论为研究对象的分析结果验证了该平台的可用性。

3.5.1 体系架构

图书在线评论数据采集与在线统计分析平台是一个面向图书在线评论的数据实时采集与数据可视化系统，基于J2EE和B/S架构，使用Java语言开发，强化在线采集和可视化，以在线的方式完成文本数据的采集、处理、分析和数据可视化，支持自动采集、自动分词、词频统计、高频筛选和词云可视化等功能。体系结构如图3-6所示。基于网络爬虫工具火车浏览器开发版编写脚本和规则实现进程控制和在线采集亚马逊网中用户评论数据，利用SQLite数据库进行元数据管理、数据预处理和结果数据存储，采用中科院ICTCLAS的开源工具进行词频统计和高频筛选，基于R语言WordCloud包编写可视化组件构建词云可视化。系统集成采用B/S结构，服务端能提供采集数据和分析结果数据等查询途径，提供数据采集参数和分析模型参数等设置入口；服务端能提供 WEB 方式访问电子资源,客户端能通过浏览器在线浏览;客户端能进行采集参数设置、导入数据库、分词、词频统计、高频筛选、分析模型参数设置和分析结果查看等。

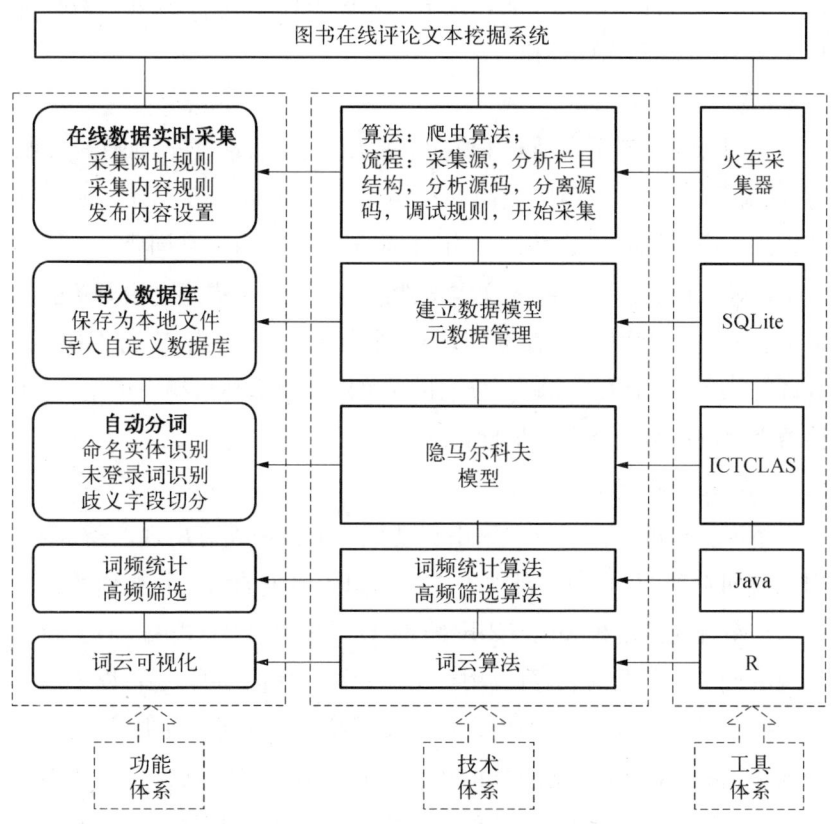

图 3-6　图书在线评论文本挖掘原型系统体系结构

3.5.2　系统功能模型

3.5.2.1　在线采集

在线数据采集抓取网页上散乱分布的数据信息,并通过一系列的分析处理，准确挖掘出所需数据；无须人工值守操作，任务完成后自动关闭；支持 Sqlite 数据库保存数据。系统基于火车浏览器开发版，编写了 Cookie 信息采集组件、图书网址信息采集组件、图书详情及销售数据采集入库组件和图书在线评论采集入库组件，实现了互联网数据的自动采集、处理和入库操作。

3.5.2.2 分词标注

分词标注实现了自动对中文英文原始语料进行分词与词性标注功能，涵盖了中文分词、英文分词、中英文混合分词和词性标注。并可在分析过程中，添加与删除用户自定义词，导入用户自定义词典。支持用户手动输入语料和自动导入文本文件语料两种分词方式。主要功能包括中文分词；词性标注；命名实体识别；用户词典功能；支持 GBK 编码、UTF8 编码、BIG5 编码。分词标注采用层叠隐马尔科夫模型，利用机器学习解决歧义切分与词性标注歧义问题。

3.5.2.3 新词发现

新词发现可以自动从文章中自动识别词典中没有出现的新词，适用于新词发现、专业词典自动生成及知识图谱中的语义新概念的自动提取。系统支持多种编码（GBK 编码、UTF8 编码、BIG5 编码）。新词发现所得到的新词列表，可以用于用户专业词典的编撰；还可以进一步编辑标注，作为分词标注的用户自定义词典导入分词词典中，从而提高分词系统的准确度，并适应新的语言变化。新词发现从较长的文本内容中，基于信息交叉熵自动发现新特征语言，并自适应测试语料的语言概率分布模型，实现自适应分词。主要功能包括向用户自定义词典导入新词、自适应分词和发现新词。

3.5.2.4 关键词提取

关键词提取能够在全面把握文章的中心思想的基础上，提取出若干个代表文章语义内容的词汇或短语，相关结果可用于精化阅读、语义查询和快速匹配等。主要采用交叉信息熵计算每个候选词的上下文条件熵,所处理的文档不受行业领域限制,且能够识别出最新出现的新词语,所输出的词语可以配以权重。主要功能包括向用户自定义词典导入关键词,添加关键词黑名单和按权重提取关键词。

3.5.2.5 高频词过滤

高频词过滤是指文本处理系统过滤停用词(Stop Word),把对文本信息内容不起作用的高频词过滤。停用词策略能节省存储,提高分类和统计准确度,减少运算量。主要功能包括单字词过滤、按字长过滤、按排名过滤、按词性过滤、停用词词典、归并词群词典、保留词词典。

3.5.2.6 词云可视化

"词云"就是对网络文本中出现频率较高的"关键词"予以视觉上的突出,形成"关键词云层"或"关键词渲染",从而过滤掉大量的文本信息,使浏览网页者只要一眼扫过文本就可以领略文本的主旨。

3.5.3 实证分析及结果

图书在线评论属于在线评论的范畴,与传统书评不尽相同。传统书评是指评论或介绍书籍的文章,它重点是分析书籍的形式和内容。而在线评论是一种重要的在线口碑形式,它是消费者之间通过网络交流的所有关于产品和服务的具体特性、使用或提供商的信息;它包括消费者对产品体验的表述、对产品价格、性能等特征的评价;因此,图书在线评论不仅包括读者对书籍内容本身的分析评论,还包括对主观喜好、阅读感受、购买感受、相关服务等的评论,它为其他读者或消费者选择和购买图书提供了决策依据。

图书在线评论主要是消费者在网络平台的评论系统上所发表的关于图书读后感、图书内容评论、消费经历、满意度、服务质量等相关的内容。一条完整的图书在线评论一般包括评论标题、评论正文内容、评论选项、总体打分、评论者相关信息、评论发表时间和评论有用性投票等信息。在评论标题中,读者更多是对图书评价、阅读感受和情感强度的表达,比如"非常喜欢""值得推荐"等。在评论内容中,读者一方面对图书本身的内容做阐述,另一方面表达自己对图书的评价、阅读感受和情感强度。关于读者对于图书内容的描述,从提取的相关关键词来看,读者对图书内容是最关注的,其次是质量、故事、文字、观点、知识性、角度、风格等。对于相关作者和出版社来说也能从中把握读者对图书的期望。对比全部评论,有用评论的标题主观性更强,评论内容的客观性更强,而对情感强度、评价和感受的描述较少,对图书内容的描述较丰富。

本文将读者评论的内容分为4个递进的层次。分别是:核心层——对出版物内容的评论;形式层——基于出版物形式(装帧、纸张、字体等)的评论;拓展层——读者在评论中提出的建议与需求;情绪层——评论中体现的读者的感情倾向。文本以童书《窗边的小豆豆》在线评论为研究对象绘制的词云图如图3-7所示。

图3-7 童书《窗边的小豆豆》在线评论词云图

(1) 核心层　第一，分析出这本书的细分市场。居于词频表最前面的是"孩子""老师""校长""父母""儿子"等一系列词语，可见对孩子的教育是这本书最受读者关注的热点，这也反映出少儿类图书市场的火热。

第二，分析出该书的特点。涉及的关键词有：值得、适合、感觉等。可见在内容上，读者对于少儿类图书实用性要求很强。编辑从中可以了解读者的需求，对于出版类似书籍有更好的把握。

第三，该书社会效果的评估。涉及的高频词有：不错、推荐等。这些词反映出这本书有良好的社会价值，编辑应当坚持为社会出好书的理念。

(2) 形式层　图书的形式因素主要是装帧设计艺术（书装艺术），它的内容包括封面、封底、书脊、环衬、扉页、字体、字号、插图、版式、护封等。涉及的关键词有：包装、印刷、纸张等。有关图书形式层的有效词在高频词表中出现，说明该书的装帧、封面、纸张等形式引起读者的热切讨论。

(3) 拓展层　在评论中读者提出了自己的需求，"我们的教育什么时候能有这一角就好了。""就是运输比预定时间晚了一天。"

(4) 情绪层　涉及的关键词有：满意、好看等。这些词都反映了读者对这本书的积极情绪点。

3.6　本章小结

在上一章在线评论观点挖掘方法研究文献综述的基础上，本章针对图书在线评论语料库构建、领域情感词典构建、图书领域本体构建和方面情感分类几个方面存在的问题，详细探讨了图书在线评论语料库构建和领域情感词典构建的方法和过程，提出了基于顶层本体的图书领域本体构建方法;结合图书领域本体和情感词典,提出了图书在线评论方面情感分类的方法,构建了图书在线评论文本挖掘原型系统体系架构和功能模型,并以《窗边的小豆豆》在线评论为研究对象,验证了平台的可用性。

第4章
基于横截面数据的图书在线评论对销售绩效的影响研究

网上书店在中国的发展已经有 20 年,当当、京东、亚马逊这三大垂直电商平台上的网上书店发展迅速。根据开卷网发布的《2016 年中国图书网上销售格局分析》数据显示,2016 年,中国图书零售市场的网上销售码洋大约为 365 亿元,而实体店的销售码洋大约为 336 亿元,网上销售渠道码洋总量首次超过实体店。如此大规模的图书网上销售一定受到多方面因素的影响。以三大垂直电商平台为例,它们提供的图书品种全、价格折扣有吸引力、物流服务完善等优点吸引了大量的用户。而图书在线评论属于 UGC(基于用户产生的内容)的一种,也是一种重要的网络口碑,那么,它通过什么机制来影响图书这种体验型产品在网上的销售?本章选取亚马逊中国的童书在线评论为研究对象,基于横截面数据的收集与实证模型分析,验证图书在线评论的主要维度对图书销量产生的知晓效应、说服效应以及其他可能产生的影响。

4.1 研究假设提出

4.1.1 图书在线评论维度

图书在线评论属于一种典型的在线口碑。传统的线下口碑多体现为熟人之间基于信任产生的、在真实的社交环境下产生小范围内的传播；而在线口碑不同，是基于互联网的迅速传播产生的，其传播的过程具有裂变特点，并且超越时空限制。互联网时代，消费者越来越倾向于在线上的、虚拟的空间里交流，自由发表观点。

从第 2 章图书在线评论对销售绩效影响关系的实证研究综述中可以看出，研究选择的变量主要集中在在线口碑的数量、情感倾向（包括总体情感倾向、情感评分的方差或者情感倾向评分的均值等）等维度，并且研究结果对在线评论数量与销售绩效的正相关关系大多持比较一致的结论，但是对情感倾向因素的显著性以及影响关系研究结果却大不相同。因此，本章对这两方面的维度将进行继续深入的研究，并尝试新加入一些变量。

4.1.2　在线评论的知晓效应

图书在线评论同时具有图书信息提供者、推荐者和传播者的三重作用。为其他图书消费者提供导向信息的同时，也作为推荐者，以在线口碑的形式由已经完成图书消费、具有阅读体验和经验的图书用户向当前的潜在消费者提供建议。另外，图书在线评论的阅读者对他人提供口碑信息的分享也起到了口碑传播的作用。

在线口碑的数量直接反映了产品或者服务的品牌知名度，更重要的作用是向其他消费者提供一种告知、知晓的途径，传递有多少消费者正在使用或已经购买该产品的信息。对于图书来说，相关的在线评论的数量就直接体现了有多少消费者对这本图书进行了"购买""阅读"或者显示"关注""收藏"状态。下面从 3 个方面分析在线口碑数量对图书消费者整体购买行为的影响关系。

首先，如果关于某本书的在线评论信息越多，说明该本书就越流行或者与这本书有关的话题越受关注，也说明其反映了大众对该书的某种功能属性或精神层面的诉求。当购书者看到关于某本书的相关评论后,并不一定会马上对该评论的内容表示认同,而是继续搜索其他评论者对该书的评价或看法,从而对之前的口碑信息做出更加全面和准确的判断。若相关的在线评论数量越多,其包含的信息量就越大,购书者就更有可能从中获得全面翔实的信息,从而更加了解该书,提高了品牌知晓程度,对消费者购买决策过程的影响力就越大。

其次,从消费者心理视角而言,大多数消费者都有从众心理,在普遍存在信息不对称的市场环境中,消费者很难通过获取足够详细的信息来进行决策。因此,跟随其他大多数人的购买降低了消费者心理的估计风险,使自己的购买决策看起来更加理性。"大多数人的判断应该是对的",心理上对购买概述的决策风险估计就会降低,这样就加大了最终做出购买行为的概率。例如,畅销书不一定是好书,也不一定适合各类读者,但在一段集中的销售时间,畅销书的销售量非常大。畅销书的销售就反映了人们具有从众心理。畅销书成为常销书的一个必备条件就是其销量要经得住时间的考验。

最后,从以上两点分析可以得出结论:对某个购书者来说,在线评论的数量越多,其做出购书行为的概率越大。在整体上来说,相当于提高了所有消费者做出购买行为的概率,因此,在线评论数量的增加可以提高图书的销售业绩,扩大规模。

现有研究中尽管有部分学者认为在线评论的数量对所研究对象的销量不显著,但是一些具有代表性的论著中,较多学者支持在线评论的数量对消费者整体行为和市场销量都有显著影响关系的结论。有学者对图书、电影、软件在线评论的研究中均发现,在线评论的数量对商品销售绩效存在正向影响。本章研究同样预期图书在线评论的数量对图书的购买行为存在显著的正向影响。

从以上可以看出现有研究中在线评论的数量对消费者总体购买行为的影响,大多数支持正向显著的影响关系。因此,本章认为图书在线评论的数量对图书销量存在显著的正向影响。由此,本章提出假设 H1。

H1:在线评论数量对图书销量存在正向影响。

4.1.3 在线评论的说服效应

图书在线评论的星级评分反映了读者的满意度水平,可分为正面评论与负面评论。正面评论是指读者在购买图书后,与他人分享的关于图书内容、属性或物流服务等方面的正面评价或对于品质的满意度等;负面评论是指购买图书后将不满意的购买经历或阅读体验等负面评价告知他人,甚至建议他们不要购买。正面的评论不但可以减少出版商家的图书推广费用,更可以增加图书的销售量;而负面的评论却会有损出版商的形象以及造成负面的损失。有学者认为正面口碑与负面口碑的影响效果是不对称的,无论是在消费者产品态度的形成,或是进行购买结果的评价时,通常负面评论的影响力都大于正面评论。跟正面评论相比,消费者更依赖负面的信息,因为当一个消费者接触到负面信息时,其对于产品或是服务容易产生怀疑以及不确定感,进而去影响其购买的意图。有学者认为负面的信息内容会比正面的信息内容更具有诊断性以及资讯性。在此基础上,本章提出假设 H2。

H2:在线评论评分对图书销量有正向影响。

4.1.4 评论差异

图书评论差异度量了消费者对图书产品或物流等服务态度和观点上的差异或不一致性,通常采用星级评分的统计方差或标准差来度量。评论差异对销量的影响目前还存在不同的观点。一种观点是支持评论差异对销量有负面影响,消费者是风险规避的,不一致的评论会提升消费者对购买风险的感知,因此会降低消费者的购买意愿。Zhang(2006)对电影在线评论的实证研究发现评论差异与票房收入显著负相关①。产品评价差异性说明产品不是针对大众市场,而是针对利基市场的产品②。对于利基产品,其目标市场的顾客偏好该产品,评价也相应较高,而非目标市场的顾客评价会相应较低,形成评论效价上的两极分化。因为利基市场一般来说规模比较小,所以会造成评价差异与销量之间的负向相关。另一种观点是支持评论差异对销量有正面影响。Martin 等(2007)通过实验方法研究了被测试者在参考电影评分后对电影的偏好程度,发现他们更倾向于选择评分差异较大的电影③。对这种现象的解释是评论差异引发了消费者的好奇心,进而产生更多的购买。评论差异越大,说明评论信息所覆盖的消费者细分群体就越多,从而会产生更多的销量。现有研究表明,处于不同的图书生命周期的评论差异性对读者产生不同的影响,一般而言,评论差异性的影响随着图书的导入期、成长期、成熟期、衰退期的时间演变不断降低。龚诗阳等学者(2013)抓取了当当网 3 200 多万条图书评论进行实证研究,发现在图书导入期评论差异的影响显著,在图书的成熟期及衰退期评论差异的影响消失④。

综合上述观点发现,评论差异对销量的影响尚未有定论,因此需要我们通过实证来进行检验。在此基础上,本章提出假设 **H3**。

---

① ZHANG XIAOQUAN. Tapping into the Pulse of The Market: Essays on Marketing Implications of Information Flows[D]. Cambridge, MA: MIT Ph.D. Dissertation, 2006.
② SUN MONIC. How Does Variance of Product Ratings Matter? [J]. Management Science, 2012, 5(4): 696—707.
③ MARTIN J, BARRONG, NORTON M I. Choosing to Be Uncertain: Preferences for High Variance Experiences[D]. Cambridge, MA: Harvard Business School, 2007.
④ 龚诗阳,刘霞,赵平. 线上消费者评论如何影响产品销量? ——基于在线图书评论的实证研究[J].中国软科学,2013(6): 171—183.

H3：图书评分方差正向影响图书销量，即评分的波动性越大，图书的销量会越高。

4.2 研究变量选择

4.2.1 评论影响过程的控制变量选择

在研究在线评论对图书销量的影响时，还需考虑其他相关的重要因素，如图书销售价格、图书类别以及促销策略等。本章根据数据的可获得性，选取图书的销售价格以及图书类别作为控制变量。第一，在消费者的购买过程中，价格较低的产品更容易得到消费者的注意。但同时价格高也会体现更好的产品质量，反而会促进购买。有学者认为价格高或低都可能会加大风险，使得消费者不愿购买产品。本章认为，价格因素是影响读者购买图书行为和图书销量的重要因素之一，两者的关系符合经济学规律，价格和产品销量的负相关关系得到了很多研究的证明。第二，由于本章的研究对象是童书，基于亚马逊的分类标准，童书又细分为 13 个二级类别。不同类型的童书面对的读者群体在年龄、心理特点、阅读需求上存在较大差异，因此，我们采用图书类别作为控制变量。

4.2.2 数据描述

我们的主要数据来源于亚马逊中国的图书网站。我们从亚马逊上收集了图书在线评论、图书价格信息和销量排名等相关信息。选择亚马逊网作为数据的来源主要有 3 个原因：第一，亚马逊中国网站是中文图书购买网站之一，该网站和当当网都拥有较多的中文图书用户量，其评论信息具有较强的代表性。第二，亚马逊网站的顾客评论系统是最先进的,尤其是虚假评论的过滤机制和惩罚机制在很大程度上保证了评论信息的真实客观,避免了评论的虚假性对研究带来的偏误。第三,亚马逊用户在账号注册成功后可以发表评论,评论者发表的在线评论提供评论标题、评论正文内容、评价星级、已确认购买、评论发布时间、评论者相关信息、评论有用性投票等信息;当当网用户在购书的用户交易成功后可以对所购图书进行评论,但不提供每个评论者给出的评价星级和评论有用性投票等信息。第四,亚马逊销量排名是依据图书上市以来的累计销量进行排序并实时更新;当当网上提供的图书排行榜不是实时的历史累积排行,而是限于在一段时期内的累计销量排行,比如近 24 小时排行或月排行等。

亚马逊网站上的少儿类图书可以细分为幼儿启蒙、儿童文学、漫画绘本与图画书、科普百科、少儿英语、国学启蒙、音乐舞蹈、绘画书法、儿童手工、智力游戏、励志与成长、生活知识和立体书 13 个图书子类。我们于 2017 年 5 月 6 日收集了各个少儿图书子类中按照人气排名的 top1 200 的图书(共计 15 600 本)的相关信息,包括消费者评论、图书特征和销量排名。我们剔除了评论数量小于等于 3 的样本和平均星级为 0 的样本,以保证研究的有效性。剔除这些样本后,收集的数据中共包含 4 108 本图书,分布于 13 个图书子类,共有 282 668 条评论。为了进行模型比较,在本章的分析中主要使用这 4 108 本图书的样本数据,并列出这 4 108 本图书的描述性统计信息。对于每一本图书,我们都收集了以下相关数据:

(1) 在线评论数据　我们收集了各个少儿图书子类中人气排名 Top1 200 的每本图书的评论数量、星级评分以及各个星级评分(从 1 星到 5 星)的比例,清洗过后的样本共有 4 108 本书。用户在亚马逊网站上对图书进行评分的时候,首先被要求对该书进行星级评分(范围从 1 星到 5 星,5 星为最高评分),然后再撰写具体的文字评论。亚马逊网站会实时地计算每一本图书获得的消费者评论总数、平均星级评分和各个星级评分的比例,并将这些指标呈现在图书购买页面的主要位置。如前文所述,我们主要从 3 个维度来衡量图书在线评论的网络口碑效应:一是评论数量。它是指用户对某一图书产品或服务发布的在线评论数的总和,代表了网络口碑规模的大小。二是评论效价。它是指用户对某一图书产品或服务评价的正面态度或负面态度,一般用评论星级或评论分数的均值,或者正、负面评论各自所占比例来测度。为分离出评论数量和评论效价的效应,避免正、负面评论数和总评论数被同时被纳入模型引发的多重共线性问题,我们选择各星级评论的比例而非各星级评论数量作为评论效价的测量指标。为避免多重共线性问题,我们考虑如下:首先,因为 5 个星级比例相加之和为 1,所以 5 个星级评价比例不能同时进入到模型中,在后面的模型分析中我们会根据各星级比例的系数显著情况最多同时引入 4 个星级评论比例的变量;其次,如果分析结果不支持各星级评论对销量影响显著假设,则将临近的影响不显著的星级进行合并,如果各星级评论的影响均显著或没有相邻的影响不显著的星级可供合并则停止合并。三是评论差异。它是指用户所发布的评论信息存在的差异或不一致性,一般以评论星级或评论分数的统计方差、标准差来测度。评论数量主要用于衡量网络口碑的知晓效应,评论效价和评论差异主要用于衡量网络口碑的说服效应。

(2)销量数据　因为亚马逊网站上没有公开图书的具体销售量或销售码洋,所以我们无法直接获取图书的销量数据;然而,亚马逊的图书销售榜列出了每一本书在所有图书商品中的销量排名和在某一图书子类中的人气排名,销量排名是依据图书上市以来的累计销量进行排序,排名间接地反映了其销售量。亚马逊人气排名指的是每个产品页面上显示的亚马逊热销商品排名。某图书在图书子类中的人气排名,是由距离最近销售的日期、销售的数量和时间分布等决定的,系统会每个小时更新一次排名,用于捕捉该商品在当前真实有效的人气度。如童书《我的第一本专注力训练书》在所有图书商品中的销量排名为14，在少儿类图书的幼儿启蒙子类中人气排名为1。这里采用所有图书中总销量排名和图书子类中人气排名两种来测度图书销量。早期的研究发现了销量和销量排名分别取自然对数后呈线性相关[1]，以后的实证研究模型中均以此为基础，使用销量排名的自然对数代替销量的自然对数作为因变量进行回归分析。本章借鉴前人的做法，用销量排名的数据替代传统的销量数据来进行在线评论与图书销量关系的研究。

（3）控制变量 由于本章采用了不同童书细分类别的图书样本进行实证分析，我们收集了实际售价、图书类型、图书品牌、产品年龄和图书装帧共5个变量来控制潜在的异质性影响。① 为了控制价格因素对图书销量的影响，我们从亚马逊网站上收集了图书的实际销售价格。② 图书类型的分类主要基于图书的内容和风格差异。由于童书的阅读对象跨越的年龄从0岁到14岁，每个年龄阶段的童书读者的阅读特点差异较大，不同类型的童书在功能性、实用性和形式方面均存在较大差异，所以其针对的细分读者群体也不同，不同细分读者群体的图书购买者（童书的购买者与阅读者往往是分离的）在对待图书价格的态度上可能存在较大差异。③ 图书品牌。指出版者的名称、标志、术语和图书书名及其组合，其主要功能在于区别不同出版者的出版物或同一出版者的不同出版物，在某些方面、领域或学科具有明显优势和特色的出版者品牌和出版物品牌。特别指出的是，本文中的"图书品牌"哑变量是指在读者中有较大的知名度、较高的信誉度，在市场上有较强的竞争力，不同于单纯意义上的出版社，品牌图书相对于出版社的一般出版物而言具有明显优势和特色。在我们的样本中，许多童书品牌包括出版社旗下创办的或者独立的出版公司。在变量的处理过程中，若某本童

---

[1] CHEVALIER J, GOOLSBEE A. Measuring Prices and Price Competition Online: Amazon.com and Barnes and Noble.com. Quantitative Marketing and Economics，2003，1(2)：203—222.

书的出版单位只是显示"**出版社",则变量设置为0;显示如"蒲蒲兰绘本馆""布老虎丛书"等品牌信息明显的,则变量设置为1,以此将进行了品牌运营和市场细分的童书与一般的出版社图书出版区分开来。这些品牌深耕于细分领域,专注于优秀童书的出版策划,可以作为图书质量的一种重要表征。④ 产品年龄。它是指图书出版日期距离数据采集日期的天数,衡量了图书所处的产品生命周期阶段。处于生命周期不同阶段的产品在销量上存在很大差异,同时销量排名依据销量累积量排序,产品年龄可用于控制产品生命周期对销量的影响。⑤ 图书装帧。这里主要区分平装、精装、纸板书、活页及其他装帧方式,可以作为图书质量的一种重要表征。综上所述,我们从亚马逊网站上收集了童书的实际售价、童书细分类型、童书品牌、产品年龄和图书装帧的信息作为控制变量。之所以在分析中引入这些控制变量,其目的是为了说明即使在控制了几乎所有能观测到的变量的影响后,内生性的影响仍然无法完全消除,借此说明内生性在网络口碑的研究中是一个非常重要的问题。基于亚马逊网站的图书分类标准,这4 108本图书共分13类,表4-1~表4-3中总结了图书样本的相关信息。其中,儿童文学、漫画绘本与图画书、科普百科和少儿英语等类图书较多,占总数的45%。在所有图书中,平装图书占75%,有品牌的图书占52.75%。

表4-1 图书类别分布情况

类 别	频 数	频率/%	累计频率/%
幼儿启蒙	271	6.60	6.60
儿童文学	530	12.90	19.50
漫画绘本与图画书	484	11.78	31.28
科普百科	477	11.61	42.89
少儿英语	375	9.13	52.02
国学启蒙	194	4.72	56.74
音乐舞蹈	196	4.77	61.51

续表

类别	频数	频率/%	累计频率/%
绘画书法	270	6.57	68.09
儿童手工	273	6.65	74.73
智力游戏	317	7.72	82.45
励志与成长	329	8.01	90.46
生活知识	213	5.19	95.64
立体书	179	4.36	100.00
合计	4 108		

表4-3 图书装帧分布情况

装帧	频数	频率/%	累计频率/%
平装	3 111	75.73	75.73
精装	814	19.81	95.55
纸板书	183	4.45	100.00

注：图书装帧中，由于电子书、活页及其他样本数量非常少，在本研究中忽略不计。

表4-3 图书品牌分布情况

品牌	频数	频率/%	累计频率/%
有品牌	2 167	52.75	52.75
无品牌	1 941	47.25	100.00

表4-4给出了数据的描述性统计结果。可以看出：样本在销量排名、价格、产品年龄上差异较大，说明选择的样本具有良好的代表性；平均每一本书有68.81条消费者评论，与中位数的16条评论有较大差异，说明有少部分图书获得了大量的消费者评论；消费者对样本中图书的评价普遍较高，评论星级的中位数为4.62，平均星级评分为4.55；每一本书平均售价42.63元，与中位数的23.7元有较大差异，说明有少部分图书实际售价较高；在消费者评论方面，5星评价占比74.58%，4星

评价占比 13.84%,3 星评价占比 6.45%,2 星评价占比 2.37%,1 星评价占比 2.76%,评论差异普遍较小。

表 4-4 数据的描述性统计

变量	均值	中位数	标准差	最小值	最大值
所有图书中总销量排名	81 811.38	39 508	112 745.75	3	2 043 219
图书子类中销量排名	485.68	435	347.76	1	1 200
价格(元)	42.63	23.7	54.54	2.50	1 396.1
产品年龄(天)	1 669.08	1 520	1 193.42	30	42 855
评论数量	68.81	16	244.07	4	5 684
评论效价	4.55	4.62	0.36	1.50	5.00
评论差异	0.72	0.56	0.65	0	4.00
5 星评论比例/%	74.58	75.68	15.64	0	100
4 星评论比例/%	13.84	13.33	10.62	0	80
3 星评论比例/%	6.45	4.26	8.21	0	75
2 星评论比例/%	2.37	0	4.78	0	42.86
1 星评论比例/%	2.76	0	6.08	0	87.5

表 4-5 汇总了分析中涉及的主要变量及其描述。如前所述,我们使用所有图书商品中总销量排名(ln GeneralRank)、图书子类中销量排名(ln Rank)的自然对数分别作为因变量。对于自变量,我们对所有的连续型变量都进行了取自然对数的线性变换,包括亚马逊图书价格(ln P)、产品年龄(ln Age)、用户评论数量(ln Volume)、用户评论效价(ln Valence)、用户评论差异(ln Diff)和各星级评论比例(Star1,Star2,Star3,Star4 和 Star5)。对因变量和自变量分别进行对数变换主要有两点好处:一是将潜在的非线性关系变为线性关系,使得回归模型的结果更加稳健;二是因为数据的对数化压缩了变量的量纲,控制了潜在的离群值的影响。例如在我们的研究中,有的图书有 5 000 条以上消费者评论,而有的图书评论仅有几条,这也是网络口碑及其相关研究中广泛使用对数变换处理的原因。在进行对数变换的处理后,回归系数

所衡量的恰为弹性，即自变量的变化率对因变量变化率的影响。由于各星级评论的比例(star1～star5)和2～4星级评论比例和的自变量都为百分比，所以不需要进行对数变换。而图书类型(genre)、图书装帧(pack)、图书品牌(brand)为哑变量，不需要进行对数变换。

表 4-5 变量设置及其描述

变量	描述
ln GeneralRank$_i$	所有图书商品中图书 i 的销量排名(取自然对数)
ln Rank$_i$	图书子类中图书 i 的人气排名(取自然对数)
ln P$_i$	图书 i 的实际销售价格(取自然对数)
ln Age$_i$	图书 i 出版至今的天数(取自然对数)
Genre$_i$	亚马逊网对少儿类图书 i 的子分类(分类变量：1＝幼儿启蒙，2＝儿童文学，…)
Pack$_i$	图书 i 装帧方式(哑变量：1＝平装，2＝精装，3＝纸板书)
Brand$_i$	图书 i 是否有知名品牌(哑变量：1＝有，0＝无)
ln Volume$_i$	图书 i 上架以来在亚马逊网上的用户评论数量(取自然对数)
ln Valence$_i$	消费者对图书 i 评分的平均星级(取自然对数)
ln Diff$_i$	消费者对图书 i 星级评分的方差(取自然对数)
Star5$_i$	图书 i 的 5 星评分的百分比
Star4$_i$	图书 i 的 4 星评分的百分比
Star3$_i$	图书 i 的 3 星评分的百分比
Star2$_i$	图书 i 的 2 星评分的百分比
Star1$_i$	图书 i 的 1 星评分的百分比

注：Genre$_i$ 为哑变量，采用亚马逊网提供的图书分类标准，共分 13 类：1＝幼儿启蒙；2＝儿童文学；3＝漫画绘本与图画书；4＝科普百科；5＝少儿英语；6＝国学启蒙；7＝音乐舞蹈；8＝绘画书法；9＝儿童手工；10＝智力游戏；11＝励志与成长；12＝生活知识；13＝立体书。

表 4-6 给出了分析中涉及的主要变量之间的相关关系。首先，我们注意到图书在线评论的变量与销量排名之间存在较强的相关关系。

表 4-6　主要变量的相关性矩阵

	ln GeneralRank	ln Rank	ln P	ln Age	ln Volume	ln Valence	ln Diff	Star5	Star4	Star3	Star2	Star1
ln GeneralRank	1											
ln Rank	0.577***	1										
ln P	−0.076***	−0.204***	1									
ln Age	0.196***	0.224***	−0.246***	1								
ln Volume	−0.479***	−0.201***	−0.009	0.296***	1							
ln Valence	−0.121***	−0.009	0.004	−0.004	0.091***	1						
ln Diff	0.008	−0.063***	0.071***	−0.041**	−0.002	−0.713***	1					
Star5	−0.139***	−0.035*	0.069***	−0.131***	0.001	0.844***	−0.533***	1				
Star4	0.086***	0.052**	−0.111***	0.196***	0.101***	−0.222***	−0.125***	−0.649***	1			
Star3	0.086***	0.021	−0.043**	0.080***	−0.024	−0.497***	0.332***	−0.554***	−0.018	1		
Star2	0.060***	−0.007	0.021	−0.005	−0.059***	−0.465***	0.427***	−0.360***	−0.015	0.072***	1	
Star1	0.043**	−0.024	0.057***	−0.108***	−0.100***	−0.747***	0.611***	−0.407***	−0.042**	0.050***	0.068***	1

注：*** 表示在 0.01 水平（双侧）上显著相关；** 表示在 0.05 水平（双侧）上显著相关；* 表示在 0.10 水平（双侧）上显著相关。

评论数量、平均评论星级和 5 星评分的百分比均与销售排名负相关，1~4 星评分的百分比均与销售排名正相关。因为销量越高，排名越靠前(ln GeneralRank，ln Rank 的值越小)，所以评论数量、平均评论星级和 5 星评分的百分比与销量正相关，1 星评分的百分比与销量负相关，均与假设一致。其次，我们发现产品年龄和图书的销售价格分别与销售排名和在线评论的变量存在较强的相关关系，我们需要在模型中控制其影响。尽管从相关性分析中我们发现了变量之间较强的相关性，但仅此分析并不能揭示多变量间相互作用对结果产生的影响。因此，下面我们将建立计量模型进一步分析图书在线评论对销量的影响。

4.3 实证研究及结果分析

为了全面地分析在线评论信息对图书销量的影响，我们首先建立了下面多个独立的线性模型来进行估计。我们对评论效价采用两种测度：一种是平均星级评分，用于解释在线评论的说服效应；另一种是表示消费者情感、态度的正(负)面评论，分别用各星级评论比例及其合并比例来衡量在线评论的说服效应。通过估计这些模型，我们能从消费者评论数量、评论效价、评论差异来分析在线评论对销量的影响。

模型(0) 仅加入了与销量相关的控制变量，而没有加入在线评论各维度变量，且因变量为每一本图书在所有图书中的销量排名。

$$(0)\ ln GeneralRank_{it} = \alpha_0 + \alpha_1 ln P_{it} + \alpha_2 ln Age_{it} + \alpha_3 pack_{it} + \alpha_4 brand_{it} + \alpha_{5\sim18} Genre_{i,1\sim13} + \varepsilon_{it},\ t = 1, 2。$$

模型(1)~模型(8) 不仅加入了与销量相关的控制变量，而且加入在线评论各维度变量，且因变量为每一本图书在所有图书中的销量排名。

$$(1)\ \ln GeneralRank_{it} = \alpha_0 + \alpha_1 \ln P_{it} + \alpha_2 \ln Age_{it} + \alpha_3 pack_{it} + \alpha_4 brand_{it} + \alpha_{5\sim18} Genre_{i,1\sim13} + \beta_1 \ln Volume_{it} + \varepsilon_{it},\ t=1,\ 2;$$

$$(2)\ \ln GeneralRank_{it} = \alpha_0 + \alpha_1 \ln P_{it} + \alpha_2 \ln Age_{it} + \alpha_3 pack_{it} + \alpha_4 brand_{it} + \alpha_{5\sim18} Genre_{i,1\sim13} + \beta_1 \ln Volume_{it} + \beta_2 \ln Valence_{it} + \varepsilon_{it},\ t=1,\ 2;$$

$$(3)\ \ln GeneralRank_{it} = \alpha_0 + \alpha_1 \ln P_{it} + \alpha_2 \ln Age_{it} + \alpha_3 pack_{it} + \alpha_4 brand_{it} + \alpha_{5\sim18} Genre_{i,1\sim13} + \beta_1 \ln Volume_{it} + \beta_2 \ln Valence_{it} + \beta_3 \ln Diff_{it} + \varepsilon_{it},\ t=1,\ 2;$$

$$(4)\ \ln GeneralRank_{it} = \alpha_0 + \alpha_1 \ln P_{it} + \alpha_2 \ln Age_{it} + \alpha_3 pack_{it} + \alpha_4 brand_{it} + \alpha_{5\sim18} Genre_{i,1\sim13} + \beta_1 \ln Volume_{it} + \beta_2 Star1_{it} + \beta_3 Star5_{it} + \varepsilon_{it},\ t=1,\ 2;$$

$$(5)\ \ln GeneralRank_{it} = \alpha_0 + \alpha_1 \ln P_{it} + \alpha_2 \ln Age_{it} + \alpha_3 pack_{it} + \alpha_4 brand_{it} + \alpha_{5\sim18} Genre_{i,1\sim13} + \beta_1 \ln Volume_{it} + \beta_2 Star1_{it} + \beta_3 Star5_{it} + \beta_4 \ln Diff_{it} + \varepsilon_{it},\ t=1,\ 2;$$

$$(6)\ \ln GeneralRank_{it} = \alpha_0 + \alpha_1 \ln P_{it} + \alpha_2 \ln Age_{it} + \alpha_3 pack_{it} + \alpha_4 brand_{it} + \alpha_{5\sim18} Genre_{i,1\sim13} + \beta_1 \ln Volume_{it} + \beta_2 Star4_{it} + \varepsilon_{it},\ t=1,\ 2;$$

$$(7)\ \ln GeneralRank_{it} = \alpha_0 + \alpha_1 \ln P_{it} + \alpha_2 \ln Age_{it} + \alpha_3 pack_{it} + \alpha_4 brand_{it} + \alpha_{5\sim18} Genre_{i,1\sim13} + \beta_1 \ln Volume_{it} + \beta_2 Star4_{it} + \beta_3 Star5_{it} + \varepsilon_{it},\ t=1,\ 2;$$

$$(8)\ \ln GeneralRank_{it} = \alpha_0 + \alpha_1 \ln P_{it} + \alpha_2 \ln Age_{it} + \alpha_3 pack_{it} +$$

$$\alpha_4 brand_{it} + \alpha_{5\sim 18} Genre_{i,1\sim 13} +$$
$$\beta_1 \ln Volume_{it} + \beta_2 Star23_{it} +$$
$$\varepsilon_{it},\ t=1,\ 2_\circ$$

模型(9) 仅加入了与销量相关的控制变量,而没有加入在线评论各维度变量,且因变量为每一本图书在图书子类中的销量排名。

(9) $\ln Rank_{it} = \alpha_0 + \alpha_1 \ln P_{it} + \alpha_2 \ln Age_{it} + \alpha_3 pack_{it} + \alpha_4 brand_{it} + \alpha_{5\sim 18} Genre_{i,1\sim 13} + \varepsilon_{it},\ t=1,\ 2$

模型(10)～模型(16) 不仅加入了与销量相关的控制变量,而且加入在线评论各维度变量,且因变量为每一本图书在图书子类中的销量排名。

(10) $\ln Rank_{it} = \alpha_0 + \alpha_1 \ln P_{it} + \alpha_2 \ln Age_{it} + \alpha_3 pack_{it} + \alpha_4 brand_{it} + \alpha_{5\sim 18} Genre_{i,1\sim 13} + \beta_1 \ln Volume_{it} + \varepsilon_{it},\ t=1,\ 2;$

(11) $\ln Rank_{it} = \alpha_0 + \alpha_1 \ln P_{it} + \alpha_2 \ln Age_{it} + \alpha_3 pack_{it} + \alpha_4 brand_{it} + \alpha_{5\sim 18} Genre_{i,1\sim 13} + \beta_1 \ln Volume_{it} + \beta_2 \ln Valence_{it} + \varepsilon_{it},\ t=1,\ 2;$

(12) $\ln Rank_{it} = \alpha_0 + \alpha_1 \ln P_{it} + \alpha_2 \ln Age_{it} + \alpha_3 pack_{it} + \alpha_4 brand_{it} + \alpha_{5\sim 18} Genre_{i,1\sim 13} + \beta_1 \ln Volume_{it} + \beta_2 \ln Valence_{it} + \beta_3 \ln Diff_{it} + \varepsilon_{it},\ t=1,\ 2;$

(13) $\ln Rank_{it} = \alpha_0 + \alpha_1 \ln P_{it} + \alpha_2 \ln Age_{it} + \alpha_3 pack_{it} + \alpha_4 brand_{it} + \alpha_{5\sim 18} Genre_{i,1\sim 13} + \beta_1 \ln Volume_{it} + \beta_2 Star1_{it} + \beta_3 Star5_{it} + \varepsilon_{it},\ t=1,\ 2;$

(14) $\ln Rank_{it} = \alpha_0 + \alpha_1 \ln P_{it} + \alpha_2 \ln Age_{it} + \alpha_3 pack_{it} + \alpha_4 brand_{it} + \alpha_{5\sim 18} Genre_{i,1\sim 13} + \beta_1 \ln Volume_{it} + \beta_2 Star1_{it} + \beta_3 Star5_{it} + \beta_4 \ln Diff_{it} + \varepsilon_{it},\ t=1,\ 2;$

(15) $\ln Rank_{it} = \alpha_0 + \alpha_1 \ln P_{it} + \alpha_2 \ln Age_{it} + \alpha_3 pack_{it} + \alpha_4 brand_{it} + \alpha_{5\sim 18} Genre_{i,1\sim 13} + \beta_1 \ln Volume_{it} + \beta_2 Star4_{it} + \varepsilon_{it},\ t=1,\ 2;$

$$(16)\ \ln Rank_{it} = \alpha_0 + \alpha_1 \ln P_{it} + \alpha_2 \ln Age_{it} + \alpha_3 pack_{it} + \alpha_4 brand_{it} +$$
$$\alpha_{5\sim18} Genre_{i,1\sim13} + \beta_1 \ln Volume_{it} + \beta_2 Star4_{it} +$$
$$\beta_3 Star5_{it} + \varepsilon_{it},\ t = 1, 2。$$

模型中,因变量分别为所有图书商品中总销量排名(ln GeneralRank)和图书子类中销量排名(ln Rank)。控制变量方面,ln P 和 ln Age 分别为实际销售价格和产品年龄;brand 为图书是否有知名品牌的哑变量;pack 为图书的装帧方式哑变量;Genre 为图书类型的哑变量(由于我们的图书共分 13 类,所以加入 12 个哑变量)。ln Volume,ln Valence,Star1~Star5 和 ln Diff 是我们所关注的在线评论相关的解释变量。ln Volume 为消费者评论数量,用于衡量网络口碑的知晓效应。ln Valence,Star1~Star5 分别为平均星级评分、各星级评分比例,用于衡量网络口碑的说服效应。不同之处在于,ln Valence 用于估计总体评分的说服效应,而 Star1~Star5 主要从正负面评论两个方面来衡量说服的效果。由于 ln Valence 与各个星级评分间存在很高的相关性,为避免多重共线性,我们用多个模型来进行估计。

例如,在因变量为 ln GeneralRank 的模型(1)~模型(8)中,模型(2)和模型(3)将 ln Volume,ln Valence 作为衡量在线评论维度的变量,而模型(4)和模型(5)将 Star1 和 Star5 替换 ln Valence 进行估计。模型(6)~模型(8)中体现了各星级比例合并检验的过程。根据假设,我们推测 ln Volume,ln Valence,ln Diff,Star5 对销量有正向影响,Star1 对销量有负向影响。Star2~Star4 对销量的影响及方向有待实证检验。表 4-7 呈现了模型(0)~模型(8)的横截面回归分析结果。

其中,模型(0)为基准模型。我们在模型(0)中仅加入了对数化处理后的实际销售价格、图书出版至今的天数、图书品牌、图书装帧方式、图书类型这 5 个与销量相关的控制变量,而没有加入在线评论维度变量(ln Volume,ln Valence,Star1 和 Star5)。模型(0)的作用主要在于对比加入在线评论维度变量后模型的拟合优度是否有明显的提升,以

表 4-7 在线评论对销量的影响：横截面分析（模型 0～模型 8）

控制量	模型(0)	模型(1)	模型(2)	模型(3)	模型(4)	模型(5)	模型(6)	模型(7)	模型(8)
ln P	−0.013 (0.027)	−0.059** (0.024)	−0.059** (0.024)	−0.070*** (0.025)	−0.063*** (0.024)	−0.075*** (0.026)	−0.065*** (0.024)	−0.064*** (0.024)	−0.059** (0.024)
ln Age	0.305*** (0.035)	0.741*** (0.034)	0.741*** (0.033)	0.768*** (0.036)	0.724*** (0.034)	0.754*** (0.036)	0.724*** (0.034)	0.723*** (0.034)	0.738*** (0.034)
ln Volume		−0.584*** (0.017)	−0.581*** (0.017)	−0.584*** (0.018)	−0.585*** (0.017)	−0.583*** (0.018)	−0.589*** (0.017)	−0.587*** (0.017)	−0.583*** (0.017)
ln Valence			−0.603*** (0.229)	−1.004*** (0.368)					
$Star_5$					−0.581*** (0.141)	−0.702*** (0.184)		−0.330** (0.166)	
$Star_1$					−0.382 (0.359)	−0.079 (0.423)			
$Star_4$							0.742*** (0.189)	0.431* (0.245)	
$Star_{2\sim 3}$									0.202* (0.202)
ln Diff				−0.070** (0.035)		−0.064* (0.034)			

续 表

控制量	模型(0)	模型(1)	模型(2)	模型(3)	模型(4)	模型(5)	模型(6)	模型(7)	模型(8)
a_0	7.660***	6.146***	7.062***	7.431***	6.697***	6.500***	6.153***	6.449***	6.134***
	(0.333)	(0.296)	(0.456)	(0.607)	(0.327)	(0.349)	(0.296)	(0.331)	(0.296)
是否加入 Genre?	是	是	是	是	是	是	是	是	是
是否加入 Pack?	是	是	是	是	是	是	是	是	是
是否加入 Brand?	是	是	是	是	是	是	是	是	是
样本数	4 108	4 108	4 108	4 108	4 108	4 108	4 108	4 108	4 108
F 值	113.682***	206.009***	195.817***	174.623***	186.982***	166.950***	196.668***	187.168***	195.410***
调整 R^2	0.318	0.473	0.474	0.483	0.475	0.483	0.475	0.476	0.474

注:* 代表 $p<0.10$;** 代表 $p<0.05$;*** 代表 $p<0.01$。各模型的因变量均为 ln GeneralRank,即在所有图书中的总销量排名自然对数。表格中列出的数字为模型系数的估计值,括号里的数字为标准误。

此来说明在线评论是否对图书销量有重要的影响。其中,实际销售价格、图书出版至今的天数是连续变量;图书品牌、图书装帧方式、图书子类是无序分类变量,采用哑变量处理。

从表4-7可以看出,没有加入在线评论维度变量的模型(0)仅为边际显著($F=113.682, p<0.010$),拟合优度也较差(调整的 $R^2=0.318$)。然而,模型(1)在模型(0)的基础上加入在线评论变量 ln Volume 后,R^2 由 0.318 增加到 0.473;模型(2)在模型(0)的基础上加入在线评论变量 ln Volume 和 ln $Valence$ 后,R^2 由 0.318 增加到 0.474;模型(3)在模型(0)的基础上加入在线评论变量 ln Volume,ln $Valence$ 和 ln $Diff$ 后,R^2 由 0.318 增加到 0.483;模型(4)在模型(0)的基础上加入在线评论变量 ln Volume,Star1 和 Star5 后,R^2 由 0.318 增加到 0.475。模型(5)在模型(0)的基础上加入在线评论变量 ln Volume,Star1,Star5 和 ln $Diff$ 后,R^2 由 0.318 增加到 0.483。模型(6)在模型(0)的基础上加入在线评论变量 ln Volume,Star4 后,R^2 由 0.318 增加到 0.475。模型(7)在模型(0)的基础上加入在线评论变量 ln Volume,Star4 和 Star5 后,R^2 由 0.318 增加到 0.476。模型(8)在模型(0)的基础上加入网络口碑变量 ln Volume 和 Star2～3 后,R^2 由 0.318 增加到 0.474。由此说明,加入在线评论维度变量后,模型的拟合优度明显提高,在线评论对图书的销量有非常重要的影响。

对于控制变量,模型(1)～模型(8)的回归结果均显示,图书的价格 ln P 和年龄 ln Age 是最为重要的控制变量。以模型(1)为例,ln P 的系数为正向显著($\alpha_1=-0.059, p<0.01$),说明图书的价格越高,销量排名越靠前,意味着其销量越大。这是一个值得注意的结论,因为我们分析的对象是童书,在当前纸质图书市场低迷、许多图书大打折扣、论斤售卖的背景下,童书的销售码洋占到了整个图书市场的很大比例。通过分析,笔者认为,童书的一个显著特点是购买者与阅读者是相分离的,当下家长们普遍越来越重视孩子阅读兴趣的培养,他们在为孩子选

书的过程中注重图书的内容质量、孩子的偏好以及阅读体验等,对价格不是很敏感。出版商也迎合了家长们的这一心理,在童书的装帧设计、印刷、内容互动等方面不断创新,也直接导致了童书成本的提高进而价格的昂贵。比如,许多低幼年龄段的品牌绘本、立体书印刷精良、集语音、动画、立体模型于一体,页数虽不多,但价格超过 100 元,仍然很受消费者追捧。对于童书,购买者往往并不能体现出对价格的敏感性和购买理性,对于童书的质量、材质等图书特质要求非常高,童书价格越高,往往让消费者认为在质量上更有保障,从而在心理上更放心。这也是很多优质童书即使价格非常昂贵却仍然成为畅销书,受到消费者青睐的原因,而很多价格较便宜的童书却并没有出现畅销的现象。

ln Age 的系数在模型(1)~模型(8)中均为正向显著。以模型(1)为例,ln Age 的系数为正向显著($\alpha_2=0.741, p<0.01$),说明图书的出版时间(产品年龄)越长,其销量越少。这里可以用图书的生命周期理论来解释。一般而言,图书的生命周期分为导入期、成长期、成熟期和衰退期。在导入期和成长期,新书上市不久,读者评论数量和销量逐步增长;在成熟期和衰退期,随着某本图书的时效性减弱、同类书竞争者的加入等原因导致该图书的热度削减,评论数量和销量保持平稳并开始下滑。从表 4-4 的描述性统计中可以看出,图书产品年龄均值为 1 669.08 天(约为 4.57 年),中位数为 1 520 天(约为 4.16 年),而通常大多数图书在上市 6 个月以后开始步入成熟期;因此,可以判断我们的样本绝大部分处于成熟期和衰退期,与销量呈现负相关关系的结论一致。

在模型(1)中,我们主要关注消费者评论数量对销量的影响。首先,我们发现 ln Volume 的系数是负向显著的($\beta_1=-0.584, p<0.01$),这说明亚马逊网站图书的销量随着评论数量的增加而增加,从而支持了在线评论的知晓作用。通过系数 $\beta_1=-0.584$ 我们可以算出图书的消费者评论数每增加 1%,图书的排名将上升约 0.58%。

在模型(2)中,我们主要关注消费者评论数量和平均星级评分对销量的影响。首先,我们发现 ln Volume 的系数是负向显著的($\beta_1 = -0.581, p<0.01$);其次,代表平均星级评分的变量 ln Valence 的系数也是负向显著的($\beta_2 = -0.603, p<0.01$),说明销量随着评分的平均星级的增加而增加,从而支持了在线评论的说服作用。通过系数 $\beta_2 = -0.603$ 可以算出图书的星级评分每增长 1%,图书的排名将上升 0.60%。

在模型(3)中,我们主要关注消费者评论数量、平均星级评分和评论差异对销量的影响。首先,我们发现 ln Volume 的系数是负向显著的($\beta_1 = -0.584, p<0.01$),ln Valence 的系数也是负向显著的($\beta_2 = -1.004, p<0.01$);其次,代表评论差异的变量 ln Diff 的系数也是负向显著的($\beta_3 = -0.070, p<0.05$)说明销量随着评分方差的增加而增加,从而支持了在线评论的说服作用。通过系数 $\beta_3 = -0.070$ 可以算出图书的评分方差每增长 1%,图书的排名将上升 0.07%。

在模型(4)中,我们用 1 星评分的比例 Star1 和 5 星评分的比例 Star5 来替代模型(2)中的 ln Valence 作为说服效应的度量,其他均不变。我们发现 ln Volume 的系数是负向显著的($\beta_1 = -0.585, p<0.01$)。Star1 的系数符号为负且不显著($\beta_2 = -0.382$),而 Star5 的系数符号为负且在 0.01 水平显著($\beta_3 = -0.581, p<0.01$),说明 1 星评分对销量影响不明显,而 5 星评论对销量有正面影响。

在模型(5)中,我们用 1 星评分的比例 Star1 和 5 星评分的比例 Star5 来替代模型(3)中的 ln Valence 作为说服效应的度量,其他均不变。我们发现 ln Volume 的系数是负向显著的($\beta_1 = -0.583, p<0.01$)。Star1 的系数符号为负且不显著($\beta_2 = -0.079$),而 Star5 的系数符号为负且显著($\beta_3 = -0.702, p<0.01$),说明 1 星评分对销量影响不明显,而 5 星评论对销量有正面影响。ln Diff 的系数也是负向显著的($\beta_4 = -0.064, p<0.1$)。

在模型(6)中,我们用 4 星评分的比例 Star4 来替代模型(2)中的

ln Valence 作为说服效应的度量,其他均不变。我们发现 ln Volume 的系数是负向显著的($\beta_1=-0.589, p<0.01$)。Star4 的系数符号为正且显著($\beta_2=0.742, p<0.01$),说明 4 星评论对销量有负面影响。

在模型(7)中,我们用 4 星评分的比例 Star4 和 5 星评分的比例 Star5 来替代模型(2)中的 ln Valence 作为说服效应的度量,其他均不变。我们发现 ln Volume 的系数是负向显著的($\beta_1=-0.587, p<0.01$)。Star4 的系数符号为正且显著($\beta_2=0.431, p<0.1$),而 Star5 的系数符号为负且显著($\beta_3=-0.330, p<0.05$),说明 4 星评论对销量有负面影响,而 5 星评论对销量有正面影响。此外,比较 Star4 和 Star5 系数的绝对值可以发现,β_2 的绝对值大于 β_3 的绝对值,说明 4 星评分的负面影响大于 5 星评分的正面影响。

在模型(8)中,我们用 2,3 星级评分的比例和 Star2,3 来替代模型(2)中的 ln Valence 作为说服效应的度量,其他均不变。我们发现 ln Volume 的系数是负向显著的($\beta_1=-0.583, p<0.01$)。Star2,3 的系数符号为正且显著($\beta_2=0.202, p<0.1$),说明 2,3 星级评论对销量有负面影响。

我们将各星级评论的指标单独引入模型时,发现仅有 4 星级评论比例和 5 星级评论比例的影响系数显著。当将 1 星评论比例和 5 星评论比例同时纳入到模型中(见表 4-7 的模型(4)和模型(5))时,1 星级评论比例的影响系数不显著,而 5 星级评论比例的影响系数显著。当将 4 星评论比例和 5 星评论比例同时纳入到模型中(见表 4-7 的模型(7))时,4 星级评论比例和 5 星级评论比例的影响系数均显著。由于 1~3 星级评论的单独影响均不显著,我们对这些星级进行如下 4 种合并:1&2 或 2&3 或 1&2&3 或 1&3。合并之后同样遵循上述模型筛选变量和建立的步骤,结果发现合并后的 2&3 星级评论比例和的影响显著,1&2 与 1&3 合并的星级评论比例和的影响均不显著,停止尝试。因此,合并后的 2,3 星级评分比例和对图书销量存在显著影响。

表 4-8 在线评论对销量的影响：横截面分析（模型 9～模型 16）

控制量	模型(9)	模型(10)	模型(11)	模型(12)	模型(13)	模型(14)	模型(15)	模型(16)
ln P	−0.266 *** (0.022)	−0.236 *** (0.020)	−0.236 *** (0.020)	−0.226 *** (0.021)	−0.233 *** (0.020)	−0.223 *** (0.021)	−0.232 *** (0.020)	−0.232 *** (0.020)
ln Age	0.379 *** (0.028)	0.661 *** (0.028)	0.661 *** (0.028)	0.676 *** (0.030)	0.652 *** (0.028)	0.667 *** (0.030)	0.650 *** (0.028)	0.650 *** (0.028)
ln Volume		−0.378 *** (0.014)	−0.377 *** (0.014)	−0.370 *** (0.015)	−0.379 *** (0.014)	−0.369 *** (0.015)	−0.382 *** (0.014)	−0.381 *** (0.014)
ln Valence			−0.323 * (0.190)	−0.950 *** (0.306)				
Star$_5$					−0.328 *** (0.117)	−0.560 *** (0.153)		−0.131 (0.138)
Star$_1$					−0.221 (0.298)	0.306 (0.353)		
Star$_4$							0.493 *** (0.157)	0.369 * (0.204)
ln Diff				−0.084 *** (0.029)		−0.079 *** (0.028)		
a_0	3.973 *** (0.264)	2.992 *** (0.246)	3.482 *** (0.379)	4.184 *** (0.506)	3.303 *** (0.272)	3.200 *** (0.291)	2.997 *** (0.246)	3.114 *** (0.275)

续　表

控制量	模型(9)	模型(10)	模型(11)	模型(12)	模型(13)	模型(14)	模型(15)	模型(16)
是否加入 Genre?	是	是	是	是	是	是	是	是
是否加入 Pack?	是	是	是	是	是	是	是	是
是否加入 Brand?	是	是	是	是	是	是	是	是
样本数	4 108	4 108	4 108	4 108	4 108	4 108	4 108	4 108
F 值	37.611***	82.766***	78.598***	69.588***	75.001***	66.592***	79.098***	75.187***
R^2	0.132	0.264	0.264	0.269	0.265	0.270	0.265	0.265

注：* 代表 $p<0.10$；** 代表 $p<0.05$；*** 代表 $p<0.01$。各模型的因变量均为 ln Rank，即在某图书子类中的销量排名自然对数。表格中列出的数字为模型系数的估计值，括号里的数字为标准误。

与表 4-7 的分析不同的是,表 4-7 的模型中因变量考察的是所有图书中的总销量排名。而表 4-8 中各模型的因变量考察的是在某图书子类中的销量排名,即亚马逊中国网站上每个产品页面的"亚马逊热销商品排名",这种排序与热度或者人气有关,按照亚马逊的评价体系标准,一般呈现在产品详情页商品评论数量越多,评论质量越好越利于搜索排名。此外,"亚马逊热销商品排名"的算法还综合考虑了销售情况、消费者的点击率、收藏率、顾客在店面的驻留时间等多维度的评价。笔者认为,这两种排名各有特色,所有图书中的总销量排名中会出现一些排名长期稳定的图书品类,如长销书;而图书子类中的销量排名在亚马逊系统中更新频率较快,可能会出现一些在短期内通过图书卖家的营销策划活动促成的排名迅速靠前的销售现象。

表 4-8 中,模型(9)为基准模型,它与模型(0)的功能基本相似。从表 4-8 可以看出,没有加入在线评论各维度变量的模型(9)仅为边际显著($F = 37.611, p < 0.010$),拟合优度也较差(调整的 $R^2 = 0.132$)。然而,模型(10)在模型(9)的基础上加入在线评论变量 ln Volume 后,R^2 由 0.132 增加到 0.264;模型(11)在模型(9)的基础上加入在线评论变量 ln Volume 和 ln *Valence* 后,R^2 由 0.132 增加到 0.264;模型(12)在模型(9)的基础上加入在线评论变量 ln Volume, ln *Valence* 和 ln *Diff* 后,R^2 由 0.132 增加到 0.269;模型(13)在模型(9)的基础上加入在线评论变量 ln Volume, Star1 和 Star5 后,R^2 由 0.132 增加到 0.265;模型(14)在模型(9)的基础上加入在线评论变量 ln Volume, Star1, Star5 和 ln *Diff* 后,R^2 由 0.132 增加到 0.270;模型(15)在模型(9)的基础上加入在线评论变量 ln Volume, Star4 后,R^2 由 0.132 增加到 0.265;模型(16)在模型(0)的基础上加入在线评论变量 ln Volume, Star4 和 Star5 后,R^2 由 0.132 增加到 0.265。由此说明,加入在线评论变量后,模型的拟合优度明显提高,在线评论对图书的销量有非常重要的影响。

对于控制变量,模型(10)~模型(16)的回归结果均显示,图书的价格 ln P 均为负向显著。ln Age 的系数在模型(10)~模型(16)中均为正向显著。以模型(10)为例,ln P 的系数为负向显著($\alpha_1 = -0.236$,$p<0.01$),说明图书的实际销售价格越高,其销量越大。ln Age 的系数为正向显著($\alpha_2 = 0.661$,$p<0.01$),说明图书的出版时间(产品年龄)越长,其销量越少。

在模型(10)中,我们主要关注消费者评论数量对销量的影响。首先,我们发现 ln Volume 的系数是负向显著的($\beta_1 = -0.378$,$p<0.01$),这说明亚马逊网站图书的销量随着评论数量的增加而增加,从而支持了在线评论的知晓作用。通过系数 $\beta_1 = -0.378$ 我们可以算出图书的消费者评论数每增加 1%,图书的排名将上升约 0.38%。

在模型(11)中,我们主要关注消费者评论数量和平均星级评分对销量的影响。首先,我们发现 ln Volume 的系数是负向显著的($\beta_1 = -0.377$,$p<0.01$);其次,代表平均星级评分的变量 ln Valence 的系数也是负向显著的($\beta_2 = -0.323$,$p<0.01$),说明销量随着评分的平均星级的增加而增加,从而支持了在线评论的说服作用。通过系数 $\beta_2 = -0.323$ 可以算出图书的星级评分每增长 1%,图书的排名将上升 0.32%。

在模型(12)中,我们主要关注消费者评论数量、平均星级评分和评论差异对销量的影响。首先,我们发现 ln Volume 的系数是负向显著的($\beta_1 = -0.370$,$p<0.01$),ln Valence 的系数也是负向显著的($\beta_2 = -0.950$,$p<0.01$);其次,代表评论差异的变量 ln Diff 的系数也是负向显著的($\beta_3 = -0.084$,$p<0.01$)说明销量随着评分方差的增加而增加,从而支持了在线评论的说服作用。通过系数 $\beta_3 = -0.084$ 可以算出图书的评分方差每增长 1%,图书的排名将上升 0.08%。

在模型(13)中,我们用 1 星评分的比例 Star1 和 5 星评分的比例 Star5 来替代模型(11)中的 ln Valence 作为说服效应的度量,其他均不变。我们发现 ln Volume 的系数是负向显著的($\beta_1=-0.379$, $p<0.01$)。Star1 的系数符号为负且不显著($\beta_2=-0.221$),而 Star5 的系数符号为负且显著($\beta_3=-0.328$, $p<0.01$),说明 1 星评分对销量影响不明显,而 5 星评论对销量有正面影响。

在模型(14)中,我们用 1 星评分的比例 Star1 和 5 星评分的比例 Star5 来替代模型(3)中的 ln Valence 作为说服效应的度量,其他均不变。我们发现 ln Volume 的系数是负向显著的($\beta_1=-0.369$, $p<0.01$)。Star1 的系数符号为负且不显著($\beta_2=0.306$),而 Star5 的系数符号为负且显著($\beta_3=-0.560$, $p<0.01$),说明 1 星评分对销量影响不明显,而 5 星评论对销量有正面影响。ln Diff 的系数也是负向显著的($\beta_4=-0.079$, $p<0.01$)。

在模型(15)中,我们用 4 星评分的比例 Star4 来替代模型(2)中的 ln Valence 作为说服效应的度量,其他均不变。我们发现 ln Volume 的系数是负向显著的($\beta_1=-0.382$, $p<0.01$)。Star4 的系数符号为正且显著($\beta_2=0.493$, $p<0.01$),说明 4 星评论对销量有负面影响。

在模型(16)中,我们用 4 星评分的比例 Star4 和 5 星评分的比例 Star5 来替代模型(2)中的 ln Valence 作为说服效应的度量,其他均不变。我们发现 ln Volume 的系数是负向显著的($\beta_1=-0.381$, $p<0.01$)。Star4 的系数符号为正且显著($\beta_2=0.369$, $p<0.1$),而 Star5 的系数符号为负且不显著($\beta_3=-0.131$),说明 4 星评论对销量有负面影响,而 5 星评论对销量无显著影响。此外,比较 Star4 和 Star5 系数的绝对值可以发现,β_2 的绝对值大于 β_3 的绝对值,说明 4 星评分的负面影响大于 5 星评分的正面影响。

当各星级评论的指标单独引入模型时,我们发现仅有 4 星级评论比例和 5 星级评论比例的影响系数显著。将 1 星评论比例和 5 星评论比例同时纳入到模型中(见表 4-8 的模型(13)和模型(14))时,1 星级评论比例的影响系数不显著,而 5 星级评论比例的影响系数显著。当将 4 星评论比例和 5 星评论比例同时纳入到模型中（见表 4-8 的模型（16））时，4 星级评论比例的影响系数显著，而 5 星级评论比例的影响系数不显著。由于 1 星~3 星级评论的单独影响均不显著，我们对这些星级进行如下 4 种合并：1&2 或 2&3 或 1&2&3 或 1&3。合并之后同样遵循上述模型筛选变量和建立的步骤，结果发现合并后的各星级评论比例和的影响均不显著，停止尝试。因此，无论在合并前还是合并后，1~3 星级评分比例对图书销量均无显著影响。

4.4 结论和启示

本章在已有的在线评论和体验型产品相关研究的文献基础上，结合建模过程，以图书重要细分市场产品之一的童书为研究对象，采用横截面数据，实证检验了图书在线评论与销量的关系。

模型分别选择在所有图书商品中总销量排名（ln GeneralRank）和在图书子类中销量排名（ln Rank）为因变量，选择图书的实际销售价格、产品年龄、图书类型、图书装帧、图书品牌作为控制变量，选择评论数量、评论效价、评论差异这 3 个维度作为自变量进行回归分析。

两类因变量的模型分析结果均显示：评论数量对图书销量有显著的正向影响，支持了在线评论的知晓效应；以平均星级评分作为评论效价测度时，销量随着评分的平均星级的增加而增加，从而支持了在线评论的说服效应；以各星级评分比例作为评论效价测度时，5 星级评价对图书销量有显著的正向影响，4 星级评价对图书销量有显著的负向影响，我们还发现正面口碑与负面口碑对销量的影响是非对称的，负面口碑对销量的损害远大于正面口碑对销量的促进，支持了负面偏差效应；以总销量排名作为模型的因变量时，还发现合并后的 2,3 星级评价对图书销量也存在显著的负向影响；评论差异对图书销量有显著的正向影响,支持了在线评论的说服效应;两类因变量的模型分析结果具有一致性。

根据表 4-4 中样本童书各星级评论的比例,可以看出亚马逊中国网站上 5 星级评论占绝对多数(占比 74.58%),4 星级评论占比 13.84%,4 星级及以上评论数占到全部评论数的 88.42%,1 星级评论(极端差评)所占比例仅为 2.76%。而本章研究结果表明,尽管极端好评数(5 星级评论)远远多于 4 星级评论数,但 4 星级评论的影响大于极端好评(5 星级评论)。合并后的 2,3 星级评价共占总评论数的 8.82%,对图书销量也存在显著的负向影响。这些结果带来的启示是:一方面,童书是近年来出版社重点投入的板块,童书出版已经从追求数量、品类转向提高质量、效益,童书市场繁荣的表现之一是出现了一大批一流的儿童图书,高品质的童书自然能获得绝大多数消费者的好评;另一方面,儿童阅读备受学校和家长关注,童书选购者往往是家长和老师,他们在为孩子选书的标准往往"水涨船高",许多 4 星级评论中就已经体现了对图书评价的负面态度。出版社应更为关注和跟踪童书的非五星级评论,特别是针对这些评论中反馈的问题和意见在选题策划、图书内容、装帧设计等方面进行改进,创作出更优秀的童书作品,调整营销策略,满足读者的需求。

4.5 本章小结

本章在第 2 章在线评论与销售绩效关系实证研究文献综述的基础上,以亚马逊网的童书在线评论为研究对象,构建了横截面数据的实证模型,实证分析了评论数量、评论效价、评论差异 3 个主要维度对图书销量绩效产生的知晓效应、说服效应以及其他可能产生的影响。

第 5 章
基于调节效应的图书在线评论对销售绩效的影响研究

随着社会化阅读时代的到来,消费者对图书的购买决策很大程度上受到在线评论等网络口碑的影响,好的口碑能促成一本书成为畅销书,甚至持续畅销成为常销书。畅销书一般在某个时间段非常受欢迎,属于热门图书,具有销售时间集中、销售量较大的特点。当当网、亚马逊网站、开卷网等图书电商和第三方图书数据提供商均通过大数据技术,对一段时间内符合一定条件的图书销售情况进行监控,依据千万顾客的图书购买数据定时更新,设立了各类图书排行榜,对读者进行图书推荐。如当当网按照时间维度、图书类别或特征对排行榜进行了细分,设立了近 3 年的各年度、各月度、近 30 日、近 7 日、近 24 小时的各类榜单 top500,有图书畅销榜、新书热卖榜、童书榜、图书飙升榜、图书尾品汇榜、五星图书榜等。按照二八定律,top500 的图书在所有图书当中确实属于热门商品,属于能够带来近 80% 销售码洋而只占到品种总数的 20% 的那些图书。那么,在网络口碑影响产品销售的环境下,热门产品是加强还是减弱了口碑对销量的影响?电子商务企业的销售绩效是继续遵从二八定律还是符合长尾理论?

从理论上讲,安德森的"长尾理论"很好地解决了在互联网时代"二八定律"中长尾产品被忽略的问题①,从实践上看,亚马逊的平台策略可以让长尾产品的销售额达到与热门产品相当的水平。近年来,大数据技术发展迅速,电商企业所处的经营环境和条件与传统的实体店有很大的差异,基于大数据分析的算法,消费者的异质性日益受到重视,在小众市场、个性化产品推荐方面,长尾应用被挖掘得越来越深入;但与此同时,学术界在实证研究在线评论的影响时,较少同时考虑热门产品和冷门产品的作用。

由于第4章的实证研究侧重从直接效应视角测度图书在线评论对图书销量产生的影响,本章在此基础上,尝试从间接效应视角深入研究图书的热门程度是否在图书在线评论对销量的影响机制中产生调节作用。具体而言,本章全面分析了在线评论3个维度(评论数量,评论效价与评论差异)与图书热门程度的交互作用以及对于消费者决策和图书销售的影响,从而拓展了在线评论方面的研究。

5.1 文献回顾

5.1.1 在线评论对销量影响的调节效应研究

早期的文献中,研究评论效应时大都是直接检验评论与销量之间的关系。随着研究领域的进一步拓展,在线评论特征、评论者特征和图书类型等变量被不断引入模型,研究方法更趋于复杂。通过检验模型中可能存在的调节效应和中介效应,研究在线评论与销售之间的作用机制,也出现了一些创新型的实证结论。

郏溪羽等人(2015)将阅读者特征、评论者特征、评论平台特征、产品特征作为调节变量纳入概念框架,从宏观上分析了调节变量作用机

---

① 克里斯·安德森.长尾理论[M].北京:中信出版社,2006.

制的逻辑①。针对评论者特征维度方面,Forman等(2008)发现了评论者身份信息的披露对销量的积极影响②。Hu,Liu和Zhang(2008)研究表明,评论的有用性体现了评论者的撰写质量,该维度对在线评论影响销量的过程中发挥着显著调节效应,即评论越有用,正向评论对销量的积极影响越明显③。李卓慧和李芳芳(2016)研究发现产品类型在在线评论与销售关系之间起着调节作用,且对体验型产品的影响更为明显④。针对图书这一体验型产品,进一步细化研究图书的独特产品特质产生的间接影响的文献还比较少见。

5.1.2 商品热门程度的调节作用

对于商品热度在网络口碑影响销售中的作用,相关研究理论主要有长尾理论和信息过载理论。长尾理论中,"长尾"这一概念最早由《连线》杂志主编Chris Anderson在2004年10月关于"long tail"一文中提出,用来描述诸如亚马逊和同类网站的商业模式。长尾理论指出:在货架有无限空间的时候,需求曲线尾部的大量利基产品和市场联合起来会出现新的商机,并且其产生的利润不会比需求曲线头部的主流产品和市场少,其理论的核心就是利用在线销售的经济效益大规模销

---

① 邬溪羽,郭斌,周莎莎,等.在线评论如何影响消费者:基于社会影响视角的整合框架[J].西安电子科技大学学报(社会科学版):2015(1):1—18.
② FORMAN C, GHOSEA, WIESENFELD B. Examining the Relationship between Reviews and Sales: The Role of Reviewer Identity Disclosure in Electronic Markets[J]. Information Systems Research, 2008, 19(3):291—313.
③ HU N, LIU L, ZHANG JJ. Do online reviews affect product sales? The role of reviewer characteristics and temporal effects[J]. Information Technology and Management, 2008, 9(3):201—214.
④ 李卓慧,李芳芳.在线评论对购买意愿一定产生影响吗——论产品类型的调节作用[J].中国商论,2016(8):85—89.

售相对非热门的产品。互联网时代下的电商企业符合这一特点,它们的线上商品展示平台不受限制,近似于货架有无限空间的条件。Anderson 的长尾理论中利用绝对数字(absolute terms)来区分"热门商品"和"非热门商品",或者是"畅销商品"和"利基商品",比如用 10 种顶级产品,或者 1 000 种顶级产品是热门商品这样的方式来界定。Anderson 认为,如果将所有产品分布看作一个长尾分布,那么在长尾中每一部分都属于一个小长尾,所以每一个小长尾中的热门商品应该用绝对数字来衡量[1]。与此观点产生分歧的是,沃顿商学院(Wharton School)的奈特西和谭则认为要想将不断增加的产品种类考虑在内,人们必须以"相对数字"(relative terms)来区分"热门商品"和"利基商品",比如用 1%的顶级产品或者 10%的顶级产品是热门商品的方式来确定产品的受欢迎程度,这样才能正确评估长尾效应是否存在。有研究表明,电商网站可以利用用户评论系统和推荐系统更好地帮助消费者找到自己感兴趣的非热门商品,而不是仅仅受到热门商品榜单的影响。根据开卷网提供的数据,图书销售中同样可以发现在很多领域都存在的幂率曲线(长尾曲线),如图 5-1 所示。图 5-1 的 5 000 多个品种中,大量品种的图书销量非常低,形成一条长长的"尾巴"。从图 5-2 中我们也可以看出,5 000 多个品种的 20%,也就是 TOP1 000 的码洋贡献率约为 80%,而后续的 4 000 个品种只有不到 20%的码洋贡献。

  与商品热门程度相关的另一个理论是信息过载理论。该理论最早由世界著名未来学家 Alvin Toffler 提出,指当人们面对过多信息时而难以做出决策的一种现象。Toffler 在 1970 年出版的《未来的冲击》一书中指出需要深入研究信息重荷对人类行为的影响①。有学者指出,在信息网络化背景下,信息过载现象日益凸显,并成为一个备受关注的

---

① TOFFLER A.未来的冲击[M].蔡伸章,译.北京:中信出版社,2006.

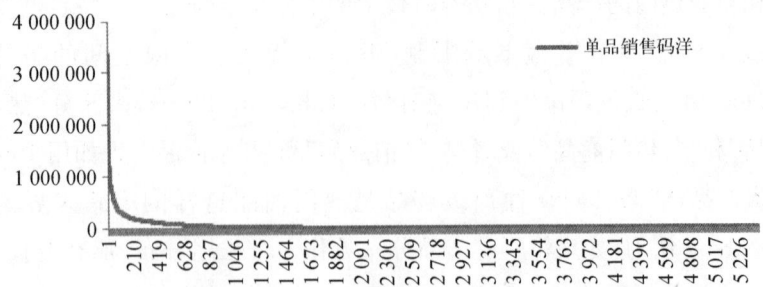

图 5-1　数据来源——开卷 2013 年 1~47 周少儿图书前 1 000 名周累计监测数据汇总 摘自《开卷客服简讯 数据挖掘与分析》

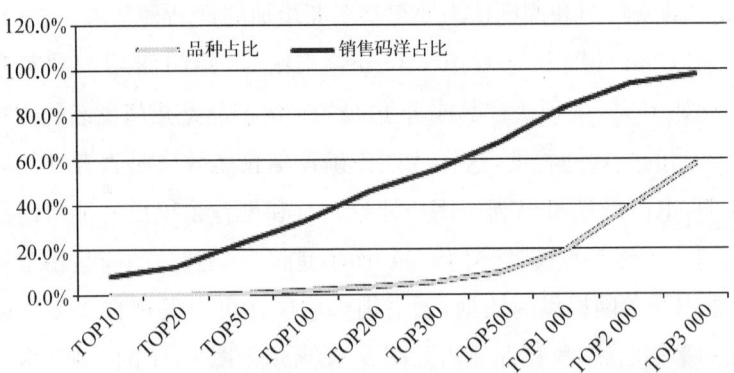

图 5-2　数据来源——开卷 2013 年 1~47 周少儿图书前 1 000 名周累计监测数据 摘自《开卷客服简讯 数据挖掘与分析》

社会问题,如何减轻信息过载现象带来的负面影响,成为当前值得研究的课题;但是对待信息过载现象,也不应简单地持否定态度,而应该更深入、全面的分析研究①。

根据信息过载理论的解释,对于热门产品来说,产品已有的在线评论相对较多,且非常容易获得,因此消费者能较容易通过其他渠道对热门产品在购买前形成自己的判断和评价。可及性—诊断性模型认为,

---

① 蔺丰奇,刘益. 信息过载问题研究述评[J].情报理论与实践,2007(5):710—714.

信息线索用于消费者认知判断的可能性取决于该线索的可及性和诊断性[①]。可及性是指信息或者线索出现在头脑中的容易程度和速度，诊断性是指信息对决策而言的有用性和相关性。因此，热门商品的在线评论仅仅作为消费者信息来源的其中一个方面，对用户购买决策的影响相对较小，更容易产生信息过载现象。对于非热门产品或者利基商品而言，各商品受关注度较小，外界评价不一致的可能性较小，消费者所能够获得的信息渠道较少；而在线评论的各维度成为消费者了解产品的重要渠道之一，不太容易发生信息过载现象，消费者会更依赖在线评论的作用。

一些学者以热门或流行度为调节变量进行了实证研究。盘英芝等人（2011）以图书作为体验型商品的代表，根据长尾理论分析了"热门程度"这种图书的显著产品特质，将"看过""正在看"和收藏数作为图书热门程度的指标并进行了聚类处理。研究发现，利用面板数据分析的结果表明，"热门"和"非热门"的在线评论数量均对销量产生积极影响，在线评论得分的变化对销量排名的变化有显著影响，且对非热门图书影响更大[②]。王君珺和闫强（2013）以京东商城的手机为例，研究了不同热度搜索型产品的在线评论对销量的影响。实证研究表明，热门手机品牌的评论长度、评论及时度对非热门手机品牌的手机销量均有显著影响[③]。罗彪和李美京（2017）以免费手机 APP 为对象，以产品流行度作为调节变量，研究在线口碑效价对免费产品下载意愿的影响。研究结果表明，在线口碑效价对消费者使用免费 APP 的下载意愿有显著影

[①] FELDMAN J M, LYNCH J G. Self-generated validity and other effects of measurement on belief, attitude, intention, and behavior [J]. Journal of Applicated Psychology, 1988, 73(3): 421—435.
[②] 盘英芝,崔金红,王欢. 在线评论对不同热门程度体验型商品销售收入影响的实证研究[J]. 图书情报工作, 2011, 55(24): 126—131.
[③] 王君珺,闫强. 不同热度搜索型产品的在线评论对销量影响的实证研究[J]. 中国管理科学, 2013(11): 406—411.

响;产品流行度能够有效调节在线口碑效价对下载意愿的影响,产品流行度高时,在线口碑效价对下载意愿的影响减弱;产品流行度低时,在线口碑效价对下载意愿的影响增强①。

5.2 研究框架与假设提出

5.2.1 研究框架与概念模型

本章研究以图书在线评论的评论数量、评论效价(评分均值)和评分方差等3种在线评论维度作为自变量,以图书销量作为因变量,将图书的热门程度作为调节变量,构建如图5-3所示的概念模型。

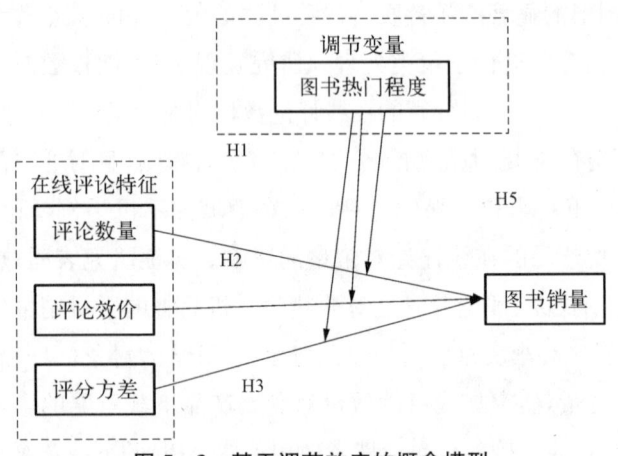

图 5-3 基于调节效应的概念模型

调节效应是交互效应的一种,是有因果指向的交互效应。若变量 Y 与变量 X 的关系为变量 M 的函数,$Y=f(X,M)+e$,则称 M 为调节变量;换而言之,变量 Y 与变量 X 的关系受第3个变量 M 所影响。

---

① 罗彪,李美京.手机 APP 下载意愿的口碑影响机制——基于类别和流行度的实证研究[J].大连理工大学学报(社会科学版),2017(2):21—26.

调节变量可以为定性的,也可以为定量的,它影响自变量和因变量之间关系的方向(正或负)和强弱。本章考虑最经典的调节模型,调节效应检验回归方程包括如下 2 个方程:

$$Y = a + bX + cM + e; \quad (1)$$

$$Y = a + bX + cM + c'MX + e。 \quad (2)$$

在上述方程中,M 为调节变量;MX 为调节效应。调节效应是否显著即是分析 c' 是否显著达到统计学意义上的临界比率 0.05 水平。

温忠麟、刘红云、侯杰泰(2012)根据调节效应回归方程中自变量和调节变量的不同类型组合,即连续自变量(x)+连续调节变量(m),连续自变量(x)+分类调节变量(m),分类自变量(x)+连续调节变量(m)以及分类自变量(x)+分类调节变量(m)这 4 种类型的组合,讨论了分析调节效应的方法和操作上的区别[1]。

根据温忠麟、刘红云、侯杰泰(2012)的《调节效应和中介效应分析》,当自变量为连续变量且调节变量为分类变量时,分析调节效应的方法有两种:一种主要方法是进行分组回归分析;另一种方法是将调节变量转换为哑变量,将自变量和调节变量中心化(计算变量离均差),然后进行层次回归分析。采用层次回归分析调节效应具体步骤如下:做 Y 对 X 和 M 的回归,得测定系数 R_1^2;做 Y 对 X,M 和 XM 的回归得 R_2^2;若 R_2^2 显著高于 R_1^2,则调节效应显著。本研究的自变量为在线评论的 3 个维度评论数量、评论效价、评论深度均为连续变量,而调节变量图书的热门程度为分类变量,适用于分组回归或层次回归进行调节效应分析。我们采用第二种方法进行检验。

---

[1] 温忠麟,刘红云,侯杰泰.调节效应和中介效应分析[M].北京:教育科学出版社,2012.

5.2.2 研究假设

(1) 评论数量、评分均值、评分方差对产品销售的影响　现有研究中关于在线评论对产品销量的影响方面，主要通过测量在线评论的评论数量、评分均值、评分方差等维度的数据和销量之间的数量关系，得出其影响方向和程度大小；但是，销售量的形成是一个复杂的过程，受到多种因素的调节和干扰，由于不同产品和消费者的特质差异，在线评论的影响机制随之呈现出显著差异。关于在线评论的上述基本维度对销量的影响仍然存在不同的观点。本章研究延续上一章关于在线评论的说服效应和知晓效应的分析和观点，提出如下假设：

H1：产品在线评论的评论数量正向影响产品销量；

H2：产品在线评论的评论效价正向影响产品销量；

H3：产品在线评论的评论方差正向影响产品销量。

(2) 图书热门程度的调节作用　在线评论对产品流行度以及长尾分布的形成有着两种截然不同的观点。信息搜索和信息瀑布理论的文献表明，网络口碑给消费者提供了额外的信息，减少了信息级联反应的发生，并鼓励长尾的形成。然而，研究行为启发式的相关理论表明，消费者倾向于忽视与他们先前信念不一致的网络信息，从而对流行产品产生羊群效应并抑制长尾的形成。

Zhao X 等(2011)等发现帕累托效应适用[1]，即相对于非热门商品，在线口碑能较大幅度地加大热门商品的销量。Bin Gu 等(2013)使用亚马逊网站上的图书面板数据进行实证分析，验证在线口碑对产品流行度和口碑等级的影响。研究结果表明，正面评论对热门产品销售

---

[1] ZHAO X, GU B, WHINSTON A. The influence of online word-of-mouth long tail formation: An empirical analysis [C/OL]//The 29th Conference on Information Systems [2015-08-20]. http://aisel.aisnet.org/icis2009/30.

的促进作用大于对利基产品销售的促进作用,而负面评论对利基产品销售的抑制作用大于对热门产品销售的抑制作用。该研究支持了行为启发式理论的观点,表明在线口碑抑制了长尾的形成[1]。结论与之相反的是,Brynjolfsson等人(2011)发现客户更喜欢购买利基商品,即消费的异质性在长尾理论中放大了[2]。由此,本章提出如下假设:

H4-0:图书的热门程度调节在线评论对图书销量的影响。对于热门图书(畅销书),在线评论(评论数量、评论效价、评分方差)对图书销量的影响更大。

H4-1:图书的热门程度调节在线评论对图书销量的影响。对于冷门图书(长尾产品),在线评论(评论数量、评论效价、评分方差)对图书销量的影响更大。

(3)在线评论特征之间的交互作用　已有研究表明,在线评论对产品销量的形成机制较为复杂,不同的在线评论特征(维度)之间会产生交互效应,共同影响产品的销售。讨论评论效价的调节作用的一篇重要文献是 Monic Sun 于 2009 年发表在 Management Science 上的一文《How Does the Variance of Product Ratings Matter?》。Monic Sun (2009)首先构建理论模型研究产品在线评论的评分星级传递信息的作用机制,在模型中评分均值较高意味着产品质量较高;而评分分布差异较大则说明这一产品是利基产品。对于利基产品,一部分消费者喜欢,一部分消费者厌恶。基于这一信息作用,因此认为当且仅当评分均值较低的时候,较高的评分方差才能对应随即产生的较高需求,促进产品销售。然后作者使用亚马逊网站和巴诺书店网站的图书数据对该理论

---

[1] BIN GU, QIAN TANG, ANDREW B. Whinston. The influence of online word-of-mouth on long tail formation[J] Decision Support Systems, 2013 (56): 474—481.
[2] BRYNJOLFSSON E, HU Y, SIMESTER D. Goodbye pareto principle, hello Long Tail: The effect of search costs on the concentration of product sales[J]. Management Science, 2011, 57(8): 1373—1386.

模型进行实证检验。实证结果表明,35%的图书样本满足当亚马逊对图书的平均评分星级低于4.1时,较高的评分方差提高了图书的相对销售排名[1]。因此,本章参考Monic Sun(2009)的研究,提出如下假设:

假设5 评论效价在在线评论对销量的影响中存在调节作用。产品平均得分较低时,产品评分差异对销售的正向影响将增强。

根据可达性—可诊断性模型,如果信息是可达的(即信息从记忆中提取出来的容易程度),则可诊断性越强(即信息是否包含显著的能够帮助消费者判断产品质量的内容),该信息对消费者的判断影响越大。不少学者发现,相对于五星和一星等极端好评和差评,中间评分(评分为3分)对评论有用性产生显著的负向影响[2][3]。

江晓东(2015)认为,评论的可诊断性可由评分来表示,极端的评分(如5分、1分)有助于消费者对产品质量进行判断,可诊断性就高,对消费者更有用;而中间评分(如3分)包含了模棱两可的信息,需要消费者付出更多的认知努力,可诊断性就低[4]。本章认为,产品评分偏差也较大时,偏离平均均值的评论较多,极端评分值出现的概率较高,意味着该信息的诊断性较高,而图书属于体验型商品,消费者在评分偏差较大的情况下需要尽可能收集更多信息进行辅助决策。较多的评论数量有助于消费者判断,并增强评分方差对销售的正向影响。因此,本章提出假设:

---

[1] SUN M. How Does The Variance of Product Rating Matter?. Management Science, 2009, 58(4): 696—707.
[2] FORMAN C, GHOSE A, WIESENFELD B. Examing the relationship between reviews and sales: The role of reviewer identity disclosure in electronic market[J]. Information Systems Research, 2008, 19(3): 291—313.
[3] GHOSE A, IPEIROTIS P G. Estimating the helpfulness and economic impact of product reviews: Mining text and reviewer characteristics[J]. Knowledge and Data Engineering, IEEE Transactions on, 2011, 23(10): 1498—1512.
[4] 江晓东. 什么样的产品评论最有用?——在线评论数量特征和文本特征对其有用性的影响研究[J].外国经济与管理,2015(4): 41—55.

假设 6 评论数量在在线评论对产品销量的影响中存在调节作用。产品评论量将强化产品评分差异对于产品销售的正向影响。

评论数量和评论效价二者之间,究竟哪一个对消费者产生更大影响一直是学术界争论的问题,已有研究的视角、结论并不一致。根据文献综述,一部分研究认为评论效价的影响作用更大;一些研究则认为评论数量的影响作用更大;还有部分研究考虑了时间维度和权变思想,认为在线评论特征对产品销售的影响因产品所处的生命周期阶段而产生差异[1],或者受到某些特征变量调节作用的影响[2]。

此外,研究对象的一些不可观测的特性(如产品质量等)可能同时影响销量和在线评论,甚至销售排名的剧烈波动也可能会导致在线评论数量的变化,这些内生性问题导致了研究在线评论(特别是评论效价)与产品销量之间关系的复杂性。在评论数量和评论效价关系的相关研究中发现,随着产品销售排名提升,正面在线评论比负面评论产生更快,这形成了正面在线评论的反馈循环。随着评论数量的增加,在线评论总数量和效价之间的相关性随之增加。因此,本研究提出假设:

假设 7 产品评论量将强化评论效价对于产品销售的正向影响。

5.3 实证研究及结果分析

5.3.1 模型设定

为了检验假设,本文采用普通最小二乘法 OLS 对所获取的数据进行回归。结合本章的研究问题,对图书在线评论作三个维度的划分,自

---

[1] CUI G, LUI H K, GUO X N. The effect of Online Consumer Reviews on New Product Sales[J]. International Journal of Electronic Commerce, 2012, 17(1): 39—57.
[2] SUN M. How Does The Variance of Product Rating Matter? [J]. Management Science, 2009, 58(4): 696—707.

变量为评论数量、评论效价、评分方差,因变量为销量排名的对数,同时引入热门程度(设为虚拟变量,Top500=1;非 Top500=0)作为调节变量。Chen 等人认为商品的热度反映了购买者的需求,在他们对亚马逊图书的研究中按照销量将图书分成了 3 类:第一类是排名在 Top100 的图书,第二类是排名在 Top101~Top9 999 之间的图书,第三类是排名在 Top10 000 以后的图书;但没有对热门进行明确定义[①]。借鉴这一做法,并根据前文关于"长尾理论"的论述,Top500 的图书在所有的图书品种中被看作"关键的少数",因此我们将亚马逊图书排名在 Top500 的图书看作热门图书,排名在 Top500 以后的看作非热门图书。

本章共构建了 2 个回归模型。其中:模型 1 是在评论数量、评论效价、评分方差和热门程度 4 个解释变量条件下先进行回归分析;模型 2 引入了热门程度作为调节变量,将其分别与评论数量、评论效价相作用产生新的变量,并加入在线评论 3 个维度之间的交互项,从而分别考察在线评论特征对在线评论影响销量的调节效应。具体回归模型如下:

$$\ln(Rank) = \alpha_0 + \alpha_1 Vol + \alpha_2 Val + \alpha_3 Diff + \alpha_4 Popular + \varepsilon; \quad (1)$$

$$\ln(Rank) = \alpha_0 + \alpha_1 Vol + \alpha_2 Val + \alpha_3 Diff + \alpha_4 Popular + \beta_1 VolPopular + \beta_2 ValPopular + \beta_3 DiffPopular + \gamma_1 VolDiff + \gamma_2 ValDiff + \gamma_3 ValVol + \varepsilon。 \quad (2)$$

本章对模型中的因变量取了对数,这样处理不仅是因为排名取自然对数后与销量之间存在线性关系,使得模型的回归结果更为稳固,更

---

① CHEN Y B, XIE J H. Online consumer review: word-of-mouth as a new element of marketing communication mix[J]. Management Science, 2008, 54(3): 477—491.

因为取对数能压缩变量的量纲,控制离群值的影响。我们使用所有图书商品中总销量排名(ln GeneralRank)、图书子类中销量排名(ln Rank)的自然对数分别作为因变量进行检验。数据来源与第4章横截面数据模型的数据来源一致,因此变量选择和描述性统计见第4章,在此不再赘述。

5.3.2 实证结果分析

实证结果如表 5-1 所示。其中,模型一和模型三表示主效应模型;模型二和模型四表示调节效应模型。

表 5-1 模型估计结果

因变量	模型一 (主效应 模型) Lngeneral rank	模型二 (调节效应 模型) Lngeneral rank	模型三 (主效应 模型) Ln rank	模型四 (调节效应 模型) Ln rank
Volume	−0.355 *** (0.024)	−0.482 *** (0.029)	−0.102 *** (0.018)	−0.143 *** (0.022)
Valence	−0.475 *** (0.045)	−0.623 *** (0.059)	−0.154 *** (0.033)	−0.224 *** (0.044)
Diff	−0.342 *** (0.045)	−0.516 *** (0.062)	−0.184 *** (0.033)	−0.285 *** (0.046)
Popular	−4.411 *** (0.174)	−5.036 *** (0.206)	−3.017 *** (0.129)	−3.264 *** (0.154)
Volume * Popular		0.521 *** (0.057)		0.134 *** (0.043)
Valence * Popular		1.132 * (0.668)		1.123 ** (0.498)
Diff * Popular		0.753 (0.598)		0.634 (0.447)

续 表

	模型一 （主效应 模型）	模型二 （调节效应 模型）	模型三 （主效应 模型）	模型四 （调节效应 模型）
Volume * Diff		−0.616 *** (0.191)		−0.381 *** (0.142)
Valence * Diff		−0.062 *** (0.016)		−0.028 ** (0.012)
Volume * Valence		−0.877 *** (0.172)		−0.385 *** (0.128)
a_0	10.383 *** (0.024)	10.333 *** (0.027)	5.790 *** (0.018)	5.766 *** (0.020)
样本数	4 108	4 108	4 108	4 108
F 值	308.651 ***	138.726 ***	108.411 ***	75.750 ***
调整 R^2	0.231 *** (1.510)	0.251 *** (1.489)	0.149 *** (1.115)	0.154 *** (1.112)
R^2 更改		0.022 ***		0.006 ***

模型一：主效应　模型一的变量包括被解释变量所有图书商品中图书 i 的销量排名（取自然对数）lngeneral Rank。主要自变量有：① 图书 i 上架以来在亚马逊网上的用户评论数量 Volume；② 消费者对图书 i 评分的平均星级 Valence；③ 消费者对图书 i 星级评分的方差 Diff；④ 图书热门程度 Popular（亚马逊图书网站排位在 top500 的设为 1）。

模型三：主效应　模型三的变量包括被解释变量图书子类中图书 i 的人气排名（取自然对数）ln Rank。主要自变量有：① 图书 i 上架以来在亚马逊网上的用户评论数量 Volume；② 消费者对图书 i 评分的平均星级 Valence；③ 费者对图书 i 星级评分的方差 Diff；④ 图书热门程度 Popular（亚马逊图书网站排位在 top500 的设为 1）。

模型二和模型四：图书热门程度的调节效应、在线评论维度之间

的调节效应 模型二和模型四分别以模型一和模型三为主效应模型，在主效应模型的基础上加入了调节变量与自变量的交互项，主要考虑了图书热门程度对在线评论的3个维度（评论数量、评论效价、评分方差）对图书销量影响的潜在调节作用以及在线评论主要维度之间的调节效应，检验了假设H4～H7。

表5-1给出了被解释变量为图书销量排名对数的线性回归统计分析结果。主效应和调节效应的统计检验结果分析如下：

因为本研究的因变量是图书销量，且具体的测度方式为第 i 本图书在亚马逊中国网站上所有图书中的销售排名的自然对数，此数值越小说明图书销量越高。所以，在主效应分析方面，通过比较模型一和模型三的回归分析结果，评论数量、平均星级得分、评分方差对图书销量的正向影响均得到了验证。

关于主效应的假设H1认为，随着评论数量的增加，产品销量将随之上升。模型一和模型三中，在线评论数量与图书销量之间的系数均为负数，且均在0.01水平上呈显著，故假设H1a得到验证。关于主效应的假设H2认为，随着平均星级得分（评论效价）的增加，产品销量将随之上升。模型一和模型三中，评论效价与图书销量之间的系数均为负数，且均在0.01水平上呈显著，故假设H2得到验证。关于主效应的假设H3认为，随着评分方差的增大，产品销量将随之上升。模型一和模型三中，评分方差与图书销量之间的系数均为负数，且均在0.01水平上呈显著，故假设H3得到验证。根据统计分析结果，评论数量、平均星级得分、评分方差均对图书销量产生显著的正向影响。在模型处理上，我们将分类变量热门程度（热门图书设置为1，非热门图书设置为0）作为调节变量转换为哑变量进行层次回归分析后，检验调节效应的模型二和模型四相对于主效应模型一和模型三，其方程的决定系数 R^2 改变通过了显著性检验，说明调节效应存在。

关于调节效应的假设H4认为，图书的热门程度调节在线评论对图书销量的影响。随着产品热门程度(受关注度)增加,图书在线评论(评论数量、评论效价、评分方差)对销量的正向影响有所减弱,即图书在线评论的3个特征维度对非热门图书销量的影响较热门图书大。由于主效应关系为正向影响、系数为负,因此乘积项的系数也应为正。在模型二和模型四中,图书热门程度和评论数量交互项的系数分别为0.521和0.134,且均在0.01的水平上显著;图书热门程度和评论效价交互项的系数分别为1.132和1.123,且分别在0.1的水平和0.05的水平上显著;图书热门程度和评分方差交互项的系数均不显著,故假设H4-1得到验证。这表明,在线评论的评论数量和评论效价对非热门图书的销量影响更强烈;而图书的热门程度并不能削弱评分变化对销量的影响。

假设5～假设7验证了在线评论的3个特征维度之间可能存在的交互效应,它们共同作用于产品销量。

关于调节效应的假设5认为,在线评论平均得分较低时,产品评分分布偏差对销售的正向影响将增强。由于主效应关系为正向影响、系数为负,因此乘积项的系数也应为负。在模型二和模型六中,评论效价和评分方差交互项的系数分别为-0.062和-0.028,且均在0.01的水平上显著,故假设H5不成立。

关于调节效应的假设6认为,在线评论评论数量较大时,产品评分分布偏差对销售的正向影响将增强。由于主效应关系为正向影响、系数为负,因此乘积项的系数也应为负。在模型二和模型六中,评论数量和评分方差交互项的系数分别为-0.616和-0.381,且分别在0.05的水平和0.01的水平上显著,故假设H6得到验证。

关于调节效应的假设7认为,在线评论评论数量较大时,评论效价对产品销售的正向影响将增强。由于主效应关系为正向影响、系数为负,因此乘积项的系数也应为负。在模型二和模型六中,评论数量和评论效价交互项的系数分别为-0.877和-0.385,且均在0.01的水平上显著,故假设 H7 得到验证。

此外,为了深入研究在线评论的影响机制,本章还探索了图书热门程度在评分星级对产品销量影响中可能存在的调节作用。分析步骤如下:首先设立主效应模型,模型中用星级评分比例 star1,star3,star4,star5 替代平均评分,其他变量不变,与模型一和模型三中一致,对各假设进行检验。值得注意的是,选择各星级评论的比例而非评论数量作为评论效价的测量指标是为了避免正负评论数和总评论数被同时被模型引发的多重共线性问题,此外,由于 5 个星级比例相加之和为 1,考虑多重共线性问题,5 个星级评价比例不能同时进入到模型中。根据第 4 章的实证检验结果,当各星级评论的指标单独引入模型中时,发现仅有 4 星级评论比例和 5 星级评论比例的影响系数显著,5 星级评价对图书销量有显著的正向影响,4 星级评价对图书销量有显著的负向影响,且 4 星级评价的负面口碑效应显著大于 5 星级评价正面口碑对销量的影响。我们根据各星级显著情况,将影响显著的 star4,star5 和极端差评 star1 以及中评 star3 同时引入模型进行分析。实证结果发现图书热门程度对各星级评分—销量关系的调节效应不显著,故实证结果在此省略。

综合上述分析,表 5-2 汇总了实证分析对模型假设的支持与否情况。

表 5-2 假设检验结果汇总

假　设　内　容	检验结果
H1:评论数量对销售有显著的正向影响	支持
H2:评论效价对销售有显著的正向影响	支持
H3:评分方差对销量有显著的正向影响	支持
H4-0:图书的热门程度调节在线评论对销量的影响。对于热门产品,消费者在线评论(评论数量,评论效价)对产品销量的影响更大	不支持

续 表

假　设　内　容	检验结果
H4-1：产品的受欢迎度调节在线评论对网络销售的影响。对于冷门产品，消费者在线评论（评论数量，评论效价）对产品销量的影响更大	支　持
H5：在线评论平均得分较低时，产品评分差异对销售的正向影响将增强	不支持
H6：在线评论评论数量较大时，产品评分差异对销售的正向影响将增强	支　持
H7：在线评论评论数量较大时，评论效价对产品销售的正向影响将增强	支　持

5.4　结论与启示

本章在第 4 章数据分析和实证研究的基础上，对图书在线评论与销售量的调节效应进行分析。首先，介绍调节变量与调节效应的分析方法；其次，构建本章的回归方程模型进行回归分析，检验图书热门程度对在亚马逊中国网站上的图书在线评论与销售量关系的调节效应；最后，根据回归结果阐述本章的理论逻辑和假设，并对相应的结果展开深入讨论。

主要研究结论如下：

第一，产品评分方差这一在线评论特征在影响产品销量的因素中值得继续深入探讨。之前的在线评论研究关注评论评分和评论数量较多，对评分方差的研究不多且结论不一致。而评分偏差的大小反映了评论的不一致性，这种不一致性会影响到消费者的判断。很多产品领域的网络评论评分呈现幂律分布而非正态分布，因此考虑评分偏差对在线评论的口碑效应研究十分重要。

第二,产品热门程度是调节在线评论特征对产品销量影响的重要情景因素。然而以往的研究较少将口碑(在线评论)和热门程度结合起来进行分析,而实际上两者的关系十分紧密。相对于热门图书,冷门图书(利基产品)的消费者在线评论(评论数量,评论效价,评论差异)对图书销量的影响更大。这对于如何针对畅销书和小众图书采取有效的营销策略具有重要的启示。此外,考虑在线评论各特征之间的交互作用也十分必要。

在图书领域尤其是图书的网络销售中,不可忽视图书的"热门"或"冷门"属性在销售中的影响。而与此密切相关的长尾理论也引起了图书出版发行业业内人士的重视、探讨和争论。以 2010~2014 年以"书业""长尾理论"为主题,发表在图书出版类核心期刊《出版发行研究》上的 3 篇文献为例。支持图书发行业长尾理论有效的观点如胡明川(2010)以当当网和卓越网图画书发行为例对长尾理论进行验证,实证结果表明,长尾尾部图书总销量是头部图书销量的 20 倍,长尾尾部图书每本平均发行量约为头部图书的 1/3,但其搜索者购买比率并不低于长尾头部图书[1]。而臧庆凤(2013)对长尾理论的有效性提出质疑,分析了外研社出版的、在当当网和亚马逊上销售的 200 余种长尾图书的销售时序数据,研究发现这 200 余种长尾图书的销量在过去数年间一直处于较低的水平,而为外研社盈利的大众类图书一直占出版社整个大众类图书品种的 5%~10%,结论支持二八定律[2]。邓凤仪和邓海荣(2014)支持长尾理论,认为数字时代图书出版发行的特征符合长尾理论的条件;即知识的共同消费性,及网络的边际成本递减特性、数字化货架陈列无限多的图书品种成为可能,这些条件使得出版商即使是

---

[1] 胡明川.网络书店的长尾营销研究——以当当网、卓越网图画书发行为例[J].出版发行研究,2010(4):42—44.

[2] 臧庆凤.对长尾理论适用于图书营销的再思考——基于大众行为理论的视角[J].出版发行研究,2013(4):23—25.

小规模生产和销售,也能大幅度降低生产成本,从中获利①。值得注意的是,长尾理论并非所有领域都是用,它存在的适用条件较为苛刻。根据克里斯·安德森在《长尾理论》一书中的解释,由于成本和效率的因素,当商品储存流通展示的场地和渠道足够宽广,商品生产成本急剧下降以至于个人都可以进行生产,并且商品的销售成本急剧降低时,几乎任何以前看似需求极低的产品,只要有人卖,都会有人买。这些需求和销量不高的产品所占据的共同市场份额,可以和主流产品的市场份额相比,甚至更大②。适用条件隐含了互联网经济中产品销售常常出现的一个特征,即产品的边际成本为零。本章的实证研究结论支持长尾理论的有效性,实证结论也表明非热门图书的口碑效应发挥了积极的作用,为未来在小众图书的口碑管理策略上提供了一些思路。

5.5 本章小结

本章在第 4 章基于面板数据的实证研究的基础上,对图书在线评论与销售量的调节效应进行实证检验。引入了热门程度作为调节变量,构建了在线评论特征对在线评论影响图书销量的回归方程模型,检验了图书热门程度对在亚马逊中国网站上的图书在线评论与销售量关系的调节效应。根据回归结果阐述本章的理论逻辑和假设,并对相应的结果展开了深入讨论。

---

① 邓凤仪,邓海荣. 大数据时代数字出版的"长尾效应"[J]. 出版发行研究,2014(10):27—29.
② 克里斯·安德森. 长尾理论[M]. 北京:中信出版社,2006.

第 6 章
基于面板数据的图书在线评论对销售绩效的影响研究

面板数据,即 Panel Data,也称为"平行数据",是指在时间序列上取多个截面,在这些截面上同时选取样本观测值所构成的样本数据,是截面数据与时间序列数据综合起来的一种数据模型。与第 4 章的横截面模型相比较,面板数据模型具有以下几点优势:第一,面板数据模型能有效地避免横截面数据模型不能解决的遗漏变量的问题。遗漏变量通常是由于不可观察的、难以度量的个体差异或"异质性"(如图书质量等)导致。已有的研究网络口碑的文献表明,如果在回归模型中遗漏那些重要的、难以观测或度量的变量就会产生内生性问题,导致对网络口碑作用的估计产生偏误。第二,面板数据提供了个体的动态行为信息,面板数据在横截面数据的格式上增加了时间维度,所包含的信息面和信息量更广、更全面。它能弥补单独使用横截面数据模型和时间序列数据模型时所存在的缺陷。第三,由于很多估计量和检验都是在大样本下得到的渐进分布,同时具有两个维度的面板数据模型更明显提高估计的准确度。

随着以在线评论为主题的研究的深入,近 10 年来许多实证研究中逐渐用面板数据模型来弥补横截面数据模型的缺陷,并在原有的模型上进行了丰富的拓展性研究。龚诗阳等人(2012)认为,图书质量等变量与星级评分相关,图书质量高则星级评分就高。如果在回归模型中遗漏了图书质量,其解释力就会反映到评论星级中,即星级评分的口碑作用会被高估。也就是说,图书质量同时与星级评分和销量(或销量排名)相关:一方面,星级评分的高低实际上反映了图书质量;另一方面,图书质量等因素促进了消费者的图书购买行为,而非星级评分[1]。龚诗阳等人(2013)采用图书在线评论面板数据,通过固定效应模型控制由遗漏变量产生的内生性影响[2]。郝媛媛等人(2009)分析了以往文献中评论情感倾向影响的结论不一致的原因,认为造成这一现象的主要原因之一是建模过程中采用截面数据建模,导致不同个体间的差异无法有效控制,从而影响测度的准确性。在此基础上,他们研究了电影面板数据的在线评论情感倾向对销售收入影响的实证研究,通过引入固定效应来控制电影本身的质量、创作团队号召力、电影素材等这些在模型中没有体现但对票房有影响的因素在截面中的变异[3]。杨扬(2015)同样基于电影在线评论面板数据,从在线评论数量、评论分数、星级评论3个角度,对网络口碑和电影票房收入的关系进行实证分析[4]。

  基于上述面板数据模型的优势,本章以当当网所收集到的图书信息(包括图书在线评论、销售排行榜、出版至今的天数等)的43 656条面板数据为研究基础,通过建立计量模型对图书在线评论与图书销量的关系进行实证分析。在第4章实证研究的基础上,本章进一步探讨图书在线评论不同维度的影响在图书产品的整个生命周期中的动态

---

[1] 龚诗阳,刘霞,刘洋,等.网络口碑决定产品命运吗——对线上图书评论的实证分析[J].南开管理评论,2012(4):118—128.
[2] 龚诗阳,刘霞,赵平.线上消费者评论如何影响产品销量?——基于在线图书评论的实证研究[J].中国软科学,2013(6):171—183.
[3] 郝媛媛,邹鹏,李一军,等.基于电影面板数据的在线评论情感倾向对销售收入影响的实证研究[J].管理评论,2009(10):95—103.
[4] 杨扬.网络口碑对体验型产品在线销量的影响——基于电影在线评论面板数据的实证研究[J].中国流通经济,2015(5):62—67.

变化。

6.1 研究假设提出

6.1.1 在线评论基本维度对销量的影响作用

本章的面板数据模型中仍然采用最常见的 3 个维度：评论数量（volume）、评论效价（valence）和评分方差（口碑离散度）。这部分假设的提出与第 4 章类似，文献综述不再赘述。提出的基本假设如下：

H1：评论数量对图书销量有显著正向影响；

H2：评论效价（平均星级评分）对图书销量有显著正向影响；

H3：评分方差对图书销量有显著正向影响。

6.1.2 产品生命周期的调节作用

产品生命周期理论（product life cycle theory）由美国哈佛大学教授雷蒙德·弗农（Raymond Vernon）于 1966 年在其撰写的《产品周期中的国际投资与国际贸易》一文中首次提出。弗农认为，产品要经历导入期、成长期、成熟期和衰退期 4 个阶段，如图 6-1 所示。图书作为一种产品，同样遵循产品生命周期的规律。

图书的生命周期是指图书的市场寿命，即图书在市场上存在的时间，其在市场上的销售情况及获利能力随着时间的推移而终结[①]。图书生命周期的特征及相应的营销策略制订一直是出版业关注的问题之一。近年来，图书生命周期缩短成为出版业面临的一个普遍现象，其中一个主要原因是图书的同质性太强，重复出版、跟风出版的现象严重，

---

① 刘进社.图书生命周期论[J].出版发行研究,2003(1)：39—41.

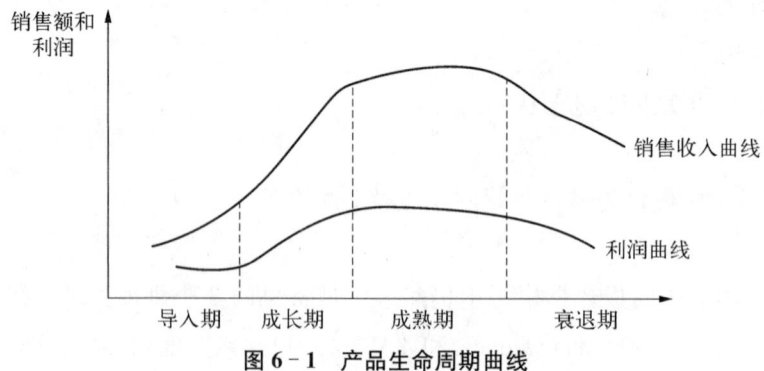

图 6-1 产品生命周期曲线

导致同类书的无序竞争。图书的生命周期特点与其他产品差异较大，且不同类图书的生命周期也不尽相同。例如，畅销书的生命周期也有长短之分，通过炒作火起来的畅销书往往昙花一现，有的畅销书不到两个月就能达到销售码洋的最大值；而有的通过深耕细作出版的畅销书，则长期有着良好的市场反应，生命周期不断延长，由畅销书变成常销书。此外，教辅类图书的生命周期则存在季节性特点，往往在一年的寒假、暑假结束前的订书量最大。罗健文和曾晶晶（2014）分析了我国纸质图书出版量，并利用定量预测模型分析了纸质图书的生命周期，认为我国的纸质图书正处于生命周期的成熟期①。

产品生命周期对在线评论影响效应的作用日益受到学者的关注。Park&Kim，Cui等人的观点认为，企业激励在线评论的发表应与产品生命周期相适应②③。在线评论信息对处于不同生命周期的产品销量

---

① 罗健文,曾晶晶.纸质图书出版量的变化趋势模型及生命周期分析[J].出版科学,2014(4):56—59.
② PARK D H, KIM S. The effects of consumer knowledge on message processing of electronic word-of mouth via online consumer reviews [J]. Electronic Commerce Research and Applications, 2008, 7(4): 399—410.
③ CUI G, et al. The effect of online consumer reviews on new product sales[J]. International Journal of Electronic Commerce, 2012, 17(1): 39—58.

的影响是随着时间增强,还是随着时间降低?对于这个问题存在两方面的不同观点。早期文献中支持前者的观点认为是消费者的构成比例发生了变化[1][2];近年来多数文献的研究支持后者的观点,认为随着产品生命周期的推移,消费者从其他渠道获得的有用信息越多,减少了对在线评论信息的依赖,对销量的影响可能随时间而降低[3][4]。郝媛媛等人(2009)以电影这类体验型商品作为研究对象,采用面板数据分析了电影在线评论的情感倾向在电影发布后随电影生命周期阶段推移的动态变化。研究结论表明,评论情感倾向并不是在商品的整个生命周期均对票房收入存在显著影响;仅在电影发布后第3周开始,在线评论的情感倾向对票房收入产生显著正向影响,且情感倾向产生的说服效应大于评论数量产生的知晓效应;之后的阶段情感倾向对票房的影响逐渐减弱[5]。龚诗阳等人(2013)研究当当网3 200多万条的图书面板数据,发现图书在线评论对销量的影响随时间的延长而减弱;且当图书处于生命周期的早期时,评论数量、评论效价和评论差异对图书销量的影响均显著;当图书处于生命周期的中期或后期时,只有评论数量的作用显著[6]。有学者从以产品的生命周期作为产品类别变量的视角,研究了不同生命周期阶段的在线评论效应的调节效应。其研究逻辑是:

---

[1] MAHAJAN V, MULLE R E, BASS F M. New Product Diffusion Models in Marketing: A Review and Directions for Research[J]. The Journal of Marketing, 1990, 54(1): 1—26.
[2] ALBA J W, HUTCHINSON J W. Dimensions of Consumer Expertise[J]. Journal of Consumer Research, 1987, 13(4): 411—454.
[3] 龚诗阳,刘霞,赵平. 线上消费者评论如何影响产品销量?——基于在线图书评论的实证研究[J].中国软科学,2013(6): 171—183.
[4] CHEN YUBO, WANG QI, XIE JINHONG. Online Social Interactions: A Natural Experiment on Word of Mouth Versus Observational Learning[J]. Journal of Marketing Research, 2011, 48(2): 238—254.
[5] 郝媛媛,邹鹏,李一军,等.基于电影面板数据的在线评论情感倾向对销售收入影响的实证研究[J].管理评论,2009(10): 95—103.
[6] 龚诗阳,刘霞,赵平. 线上消费者评论如何影响产品销量?——基于在线图书评论的实证研究[J].中国软科学,2013(6): 171—183.

在产品生命周期的早期,出于消费者、商家双方在产品信息、知识方面的不对称,消费者主要想了解产品的属性、特性等;而在产品生命周期的后期,消费者对产品有了较为深入的了解,更多关注产品带来的收益。由于在生命周期的不同阶段消费者的关注点差异,导致在线评论数量、情感倾向在不同的生命周期阶段存在较大差异,进而影响产品销量[①]。

此外,学者们在研究在线评论与产品定价、情感强度变化等更具体、深入的问题时,趋向于考虑产品生命周期的动态影响。郭恺强等人(2014)研究了基于在线评论的网络零售定价模型,指出对于生命周期较长期的产品,评论对销售的相互影响可能是连续的,商家可以反复调价[②]。王伟和王洪伟(2016)在产品特征评价与用户购买意愿关系的实证研究中,考虑到产品特征方面的评价、消费者需求会随在线评论的不同生命周期阶段而变化以及为了抑制在线评论内生的时间效应偏差,在模型中引入时间变量作为产品的内生属性[③]。Li 和 Hitt(2008),Zhang 等人(2012)都从产品的生命周期深入研究在线评论的文本特征,他们认为产品生命周期的早期,消费者的评价热情较高,发表的在线评论内容倾向于主观描述,评论文本的平均主观性较强[④][⑤]。邵景波等人(2016)基于产品生命周期的动态性,研究了产品 iPhone4 的在线评论情感属性动态变化。研究结果表明,在线评论情感属性在文本的

[①] 陈厚.时间间隔对在线评论影响效应研究[D].武汉:武汉大学,2015.
[②] 郭恺强,王洪伟,郑晗.基于在线评论的网络零售定价模型研究[J].商业经济与管理,2014(4):59—66.
[③] 王伟,王洪伟.特征观点对购买意愿的影响:在线评论的情感分析方法[J].系统工程理论与实践,2016(1):63—75.
[④] LI X, HITT L M. Self-selection and information role of online product reviews[J]. Information Systems Research, 2008, 19(4): 456—474.
[⑤] ZHANG W, XU H, WAN W. Weakness finder: find product weakness from Chinese reviews by using aspects based sentiment analysis[J]. Expert Systems with Applications, 2012, 39(11): 10283—10291.

主客观性、文本的情感极性和文本的情感强度这3个维度上均存在动态变化特征,而标题文本的情感属性没有稳定的变化①。

研究在线评论对创新扩散的影响方面,Hu 等人(2008)指出在线评论对创新扩散的影响程度与时间呈递减关系②;杨雅秀(2012)指出,在创新扩散后期阶段,在线评论影响逐渐减小是因为消费者从在线评论中获得的信息以及其他可获取的信息越来越多③。

由此,本章提出以下假设:

H4:图书生命周期会影响排行榜的效果。对于生命周期越长(上架时间越长)的图书,其排行榜排名的影响越小。

H5:在线评论对图书销量的影响,随着生命周期的变化而变化,一般是递减。

6.2 数据来源

在网络零售领域,自亚马逊网站首次推出用户在线评论系统以来,各大电商网站竞相推出在线评论系统,根据五星打分体系对图书在线评论的质量以及有用性进行评价,并针对所有用户对某条评论"有用"或"无用"的投票权重进行计算,对评论者进行排序。全球最大的中文网上书店当当网早在 2007 年就建立了图书在线评价系统,采用 1~5 分的星级评分方式,5 星为最高评价。在当当网购书的用户交易成功后可以对所购图书进行评论,相对于亚马逊用户在账号注册成功后即

---

① 邵景波,胡名叶,许万有.在线评论情感属性的动态变化——基于 iPhone4 的实证研究[J].预测,2016(5):9—15.
② HU N, LIU L, ZHANG, J J. Do online reviews affect product sales? The role of reviewer characteristics and temporal effects[J]. Information Technology Management,2008(9):201—214.
③ 杨雅秀.在线评论对创新扩散影响的实证研究[D].杭州:浙江大学,2012.

可发表评论的门槛设置更严格,某种程度上增强了评论的可信度。当当网积极鼓励用户撰写高质量的商品评论,如采用积分激励的方式,用户撰写的评论内容越丰富积分奖励越多。通过评论晒单获取的积分在当当网上可以用于支付当当订单等。在发表图书评论时,用户首先通过对"点击星星评分"对图书进行评分,星级从1星到5星,对应分值从1分到10分,分值越高代表用户对商品的评价越高。当当网对星级和分值进行了相对应了描述,以帮助用户更接近真实体验的打分。如:"★"对应的描述是"2分,不值得一看";"★★"对应的描述是"4分,水准以下";"★★★"对应的描述是"6分,聊胜于无";"★★★★"对应的描述是"8分,值得一看";"★★★★★"对应的描述是"10分,极力推荐"。在星级评分的下一栏,当当网列出了"大家认为"的一些如"性价比高""口碑好"等关键词供用户选择,并可以通过撰写评论获取积分。此外,除了对商品本身评分,还可以对商家服务如"商品与描述是否相符""卖家的服务态度""包装的严实程度""配送服务满意度"等进行星级评分。当当网会实时统计每本图书的评论数量,并根据所有注册会员的星级评分计算出图书的最终星级并对星级高的图书进行推荐。如《追风筝的人》在2017年9月2日实际售价为27.60元,折扣9.52折,累计用户评论1 397 015条,其中好评1 393 306条,中评3 026条,差评683条,好评率为99.7%;这本书在当当网系统中被设为五星评价。又如《神奇的魁地奇球》《追风筝的人》这两本书的用户评论功能截图如图6-2所示。

我们从当当网上收集了图书在线评论实证研究所需的数据。通过网页爬虫工具跟踪并收集了当当网"近24小时图书畅销榜"上的图书数据。当当网"近24小时图书畅销榜"提供的TOP500的图书信息,其排名由近24小时真实的图书销售量决定,并进行实时更新。我们收集了2017年1月至4月各月份累积汇总的畅销榜上的所有图书信息。

第 6 章　基于面板数据的图书在线评论对销售绩效的影响研究 · 145

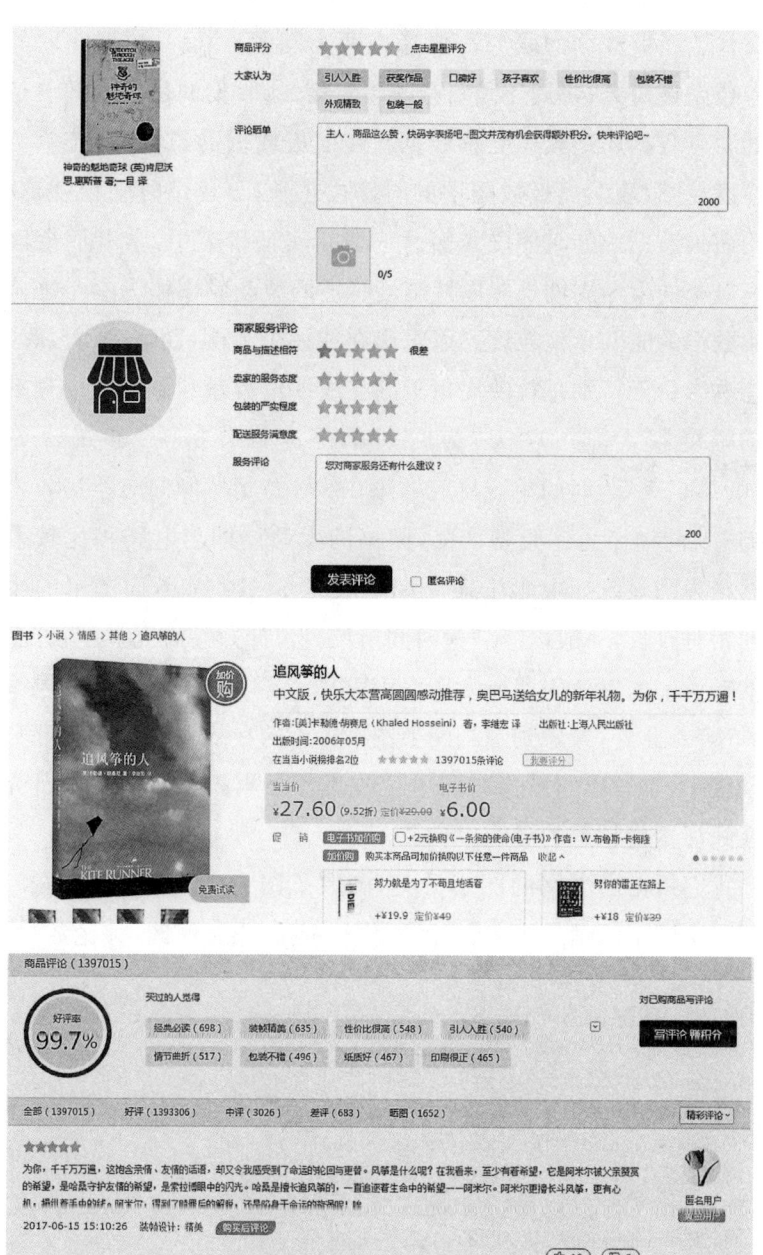

图 6-2　当当网图书的用户评论功能示例

基于面板数据的研究需要考虑两个问题：第一，数据获取的时间单位是按每天、每周还是每月收集？第二，收集的是按时间单位粒度的时点数据还是累积汇总数据？在面板数据的结构中，若单位时间粒度越细，表明面板数据中的时序段越长；若单位时间粒度越粗，表明面板数据中的时序段越短。一般在实证研究中，学者们会以所研究对象的生命周期长短以及维度特征的波动频率作为参考来确定收集数据的时间单位粒度。以电影在线评论为例，Duan等人(2008)认为电影每天特别是首映周每天的在线评论数量和票房波动频率和波动幅度很大，应以"天"为时间单位进行分析[①]。郝媛媛等人(2009)以"天"为时间单位研究电影在线评论情感倾向对票房收入的影响[②]。同样作为体验型产品，图书的生命周期与电影相比较差异仍然较为明显。如电影生命周期一般为6～10周[③]，而图书的生命周期相对较长，一般以"年"为时间单位。根据开卷研究显示，许多优秀的畅销书的生命周期在3年以上[④]，如《窗边的小豆豆》《追风筝的人》等等。此外，考虑到当当网上图书每天的在线评论数量和评分的波动较小，本章以"月"为时间单位收集各月累积汇总的数据研究图书在线评论对销量的影响。

我们根据当当网的图书分类，爬取了图书各类排名在TOP500的每一本图书的销量排名、实际售价和折扣、出版时间、评论数量、评

---

① DUAN W, B GU, WHINSTON A. The dynamics of online word-of-mouth and product sales-an empirical investigation of the movie industry[J]. Journal of Retailing, 2008, 84(2): 233—242.
② 郝媛媛,邹鹏,李一军,等.基于电影面板数据的在线评论情感倾向对销售收入影响的实证研究[J].管理评论,2009(10): 95—103.
③ ELBERSE A, ELIASHBERG J. Demand and Supply Dynamics for Sequentially Released Products in International Markets: The Case of Motion Pictures[J]. Marketing Science, 2003(22): 329—354.
④ 北京开卷信息技术有限公司. 中国超级畅销书大解密·2013[M].南昌：江西教育出版社,2014.

论分数以及好评、中评、差评的评论比例。对爬取的数据进行了预处理，删除缺失数据的样本，以保证分析结果的有效性。其中，考虑到销量和排名的线性关系，采用销量排名的自然对数替代销量；采用当日一本图书距离统计时点的上架时间来测度图书的生命周期。最终数据共包含 10 914 本图书的 43 656 条评论数据。描述性统计结果如表 6-1 所示。

表 6-1 描述性统计

变 量	极小值	极大值	均 值	标准差
图书子类排名	1	500	187.07	126.56
出版时间	11	15 625	1 139	1 128.37
评论数量	4	1 280 731	8 304	29 934.58
评论效价	4.25	5.00	4.98	0.015
评论差异	0.00	2.44	0.026	0.039
好评率	0.91	1.00	0.99	0.005
差评率	0.00	0.18	0.00	0.00
中评率	0.00	0.128	0.004	0.005

注：样本量 $N=10\,914$。

在图书在线评论维度方面，样本数据包含了每本图书的评论数量、评论效价和好评、中评、差评的评论比例。其中，评论数量的均值为 8 304，评论最多的一本书有 1 280 731 条评论，评论最少的书仅有 4 条评论。其次，从差评到好评的分布比例来看，好评占了总体评论的绝大多数，均值为 0.99；中评和差评的评论比例之和占 1% 左右。采用评论分数的方差来作为评论差异的度量，评论差异的均值为 0.026，最小值和最大值分别为 0 和 2.44。图书平均的出版时间为 1 139 天，出版时间最长的为 15 625 天，出版时间最短的为 11 天。

6.3 图书生命周期的定义与图书分类

参照戴和忠的做法①,本章将图书分为早期、中期、晚期3个阶段来检验图书在线评论的影响效应是否在不同的生命周期存在动态变化。我们将出版时间小于半年(按180天算)的图书定义为处于生命周期的早期,出版时间在半年(按180天算)至2年(按720天算)的图书定义为处于生命周期的中期,出版时间在2年(按720天算)以上的图书定义为处于为生命周期的晚期。根据表6-1的描述性统计所示,10 914本图书4个月的月度累计数据共计43 656条样本。考虑到以"月"为时间单位统计可能存在以下问题:如有些图书可能在上一个月的统计时点处于生命周期的早期或中期,而在接下来的月份统计时点处于生命周期的中期或晚期,所获得的是非平衡面板数据。统计结果显示,处于早期、中期和晚期的图书样本数分别为3 043条、16 395条和24 218本。其中:处于生命周期早期的图书样本数占比6.97%,处于生命周期中期的图书样本数占比37.55%,处于生命周期晚期的图书样本数占比55.48%。描述性统计中显示图书的平均出版时间为1 247天,相当于3.46年。根据我们对图书生命周期早、中、晚期3阶段的界定可以看出,所研究的图书样本绝大多数处于生命周期的中后期。根据先前的假设,我们预期实证模型中在线评论的影响系数较弱。此外,当当网根据图书的类型、风格,以及所针对的读者群体对所售图书进行了细致的分类。不同类型的图书在评论内容、数量以及阅读群体受在线评论的影响等方面存在较大差异。当当网会根据这些图书差异进行

---

① 戴和忠.网络推荐和在线评论对数字内容商品体验消费的整合影响及实证研究[D].浙江大学博士学位论文,2014.

分析并在网页上对图书进行不同层次的图片、文字专题分类,以进行有针对性的图书推荐。一般来说,大的专题图书类别有小说、文学、青春文学、少儿、励志/成功类、人文社科、工具书等;在大专题下又会根据权重的程度设重要/次要的子专题。总体而言,少儿,文学,青春文学方面的专题相对比较多。考虑到图书类别这一变量的重要性,在对图书在线评论进行实证研究中,图书类型往往作为控制变量被纳入模型中。

基于当当网的分类标准,我们所研究的 10 914 本图书共分为 45 类,图书类别及分布的频率和频率如表 6-2 所示。在全部样本中。各类图书的占比分布较为均匀,绝大多数在 2%~3%之间;英文原版书的占比最少,仅为 0.03%。为了更准确地了解不同类别的图书在线评论在各生命周期阶段的差异,我们采用分组回归方法对 45 个类别的图书分组进行实证,并从实证结果中选取在当当网上占主流的青春文学、小说、文学、童书这 4 类图书进行示例分析。

表 6-2 图书类别分布情况

类别	频数	频率/%	累计频率/%	类别	频数	频率/%	累计频率/%
青春文学	988	2.26	2.26	保健/养生	1 220	2.79	38.36
小说	1 148	2.63	4.89	体育/运动	984	2.25	40.61
休闲/爱好	1 096	2.51	7.40	手工/DIY	916	2.10	42.71
文学	1 080	2.47	9.88	成功/励志	1 080	2.47	45.18
孕产/胎教	1 188	2.72	12.60	管理	1 170	2.68	47.86
艺术	960	2.20	14.80	风水/占卜	332	0.76	48.62
动漫/幽默	1 132	2.59	17.39	投资理财	1 161	2.66	51.28
烹饪/美食	997	2.28	19.67	经济	1 103	2.53	53.81
时尚/美妆	1 152	2.64	22.31	法律	1 048	2.40	56.21
旅游/地图	964	2.21	24.52	政治/军事	980	2.24	58.45
家庭/家居	1 080	2.47	27.00	哲学/宗教	1 214	2.78	61.24
亲子/家教	1 324	3.03	30.03	社会科学	1 054	2.41	63.65
两性关系	1 128	2.58	32.61	心理学	1 212	2.78	66.43
育儿/早教	1 288	2.95	35.56	古籍	1 012	2.32	68.74

续 表

类 别	频数	频率/%	累计频率/%	类 别	频数	频率/%	累计频率/%
文化	1 156	2.65	71.39	科普读物	1 100	2.52	88.66
历史	1 028	2.35	73.75	计算机/网络	1 048	2.40	91.06
传记	1 016	2.33	76.07	建筑	811	1.86	92.92
童书	1 064	2.44	78.51	医学	811	1.86	94.78
中小学教辅	700	1.60	80.11	英文原版书	12	0.03	94.80
外语	936	2.14	82.26	自然科学	964	2.21	97.01
考试	372	0.85	83.11	工业技术	637	1.46	98.47
教材	802	1.84	84.95	农业/林业	668	1.53	100.00
工具书	520	1.19	86.14	总计	43 656		

6.4 实证研究及结果分析

6.4.1 模型设定

考虑到图书的非观测效应如图书质量等特征与图书在线评论的数量等变量相关,首先使用 Stata 软件对预处理后的面板数据进行 Hausman 检验,检验结果支持固定效应模型。采用固定效应模型的回归模型设定如下:

$$\ln Rank_{it} = \alpha_0 + \alpha_1 \ln Age_{it} + \alpha_2 \ln Volume_{it} + \alpha_3 \ln Valence_{it} + \alpha_4 \ln Diff_{it} + \mu_i + \varepsilon_{it} \circ \quad (1)$$

式中,下标 $i=1,2,3,\cdots,N$ 代表图书; $t=1,2,\cdots,T$ 代表时间; μ_{it} 为表征固定效应的变量,代表图书质量等个体内在异质性; ε_{it} 表示一个随机冲击项;ln Rank 为图书各子类的 Top500 排名;ln Age 表示图书的出版时间;ln Volume 表示图书的在线评论数量;ln Valence 表示图书的在线评论效价;ln Diff 表示图书的在线评论差异。

此外，检验不同生命周期图书在线评论影响效应差异的模型假定为如下所示：

$$\ln Rank_{itc} = \alpha_0 + \alpha_1 \ln Age_{itc} + \alpha_2 \ln Volume_{itc} + \alpha_3 \ln Valance_{itc} + \alpha_4 \ln Diff_{itc} + \mu_{ic} + \varepsilon_{itc}. \quad (2)$$

式中，$c=1,2,3$ 分别表示图书所处生命周期，1 表示图书处于生命周期的早期，2 表示图书处于生命周期的中期，3 表示图书处于生命周期的晚期。

6.4.2 实证结果分析

根据模型(1)对 45 类图书分别进行实证计算，结果发现不同类别图书的在线评论影响差异较大。表 6-3 列出了青春文学、小说、文学、童书类图书的回归结果。以青春文学类的图书为例，在 Stata 软件中进行的回归结果显示，参数联合检验的 F 统计量和相应的 P 值，分别为 16.27 和 0.000 0，表明参数整体上非常显著。检验固定效应是否显著的 F 值和相应的 P 值分别为 9.46 和 0.000 0，表明固定效应非常显著。ln Volume 的系数为负向显著($-85.308, p<0.01$)，说明读者对青春文学的总体评论数量是敏感的，青春文学类图书的评论数量与销量排名成正比。ln Valence 和 ln Diff 的影响系数为负，但均不显著。ln Age 的系数为正向显著($1.234, p<0.01$)，说明青春文学类图书的销量随着上市时间的延长而越少。

通过比较这 4 类图书的回归结果可知，回归模型的参数整体上均显著，固定效应均显著；ln Age 的系数均为正数，且都显著。这基本上与之前的假设即图书销量随着出版时间的延长而减少相符合。此外，青春文学、小说、文学类图书的评论数量均与图书排名成正比；童书的 ln Volume 影响并不显著。

表 6-3　图书在线评论对销量的影响(模型 1)

自变量 图书类别	青春文学	小　说	文　学	童　书
$\ln Volume$	−85.308*** (16.779)	−38.810** (15.959)	−64.218*** (14.474)	3.992 (4.607)
$\ln Valence$	−45.005 (78.588)	61.998 (95.167)	156.154 (147.451)	768.672*** (265.116)
$\ln Diff$	−.024 (0.037)	−.082 (0.083)	−0.005 (0.057)	0.031 (0.080 3)
$\ln Age$	1.234*** (0.162)	0.968*** (0.181)	1.243*** (0.191)	0.573* (0.321)
a_0	14.457*** (210.441)	280.467 (220.818)	352.54 (300.15)	−1 276.717*** (432.124)
样本数	988	1 148	1 080	1 064
参数联合检验的 F 值	16.27***	7.50***	11.98***	2.43**
固定效应检验的 F 值	9.46***	11.09***	8.02***	8.73***
调整 R^2	0.295	0.452	0.277	0.241

注：* 代表 $p<0.10$；** 代表 $p<0.05$；*** 代表 $p<0.01$。各模型的因变量均为 ln Rank，即在各图书子类中销量排名的自然对数。表格中列出的数字为模型系数的估计值，括号里的数字为标准误。

基于模型 2，表 6-4～表 6-7 分别给出了青春文学、小说、文学和童书这 4 类图书的在线评论生命周期效应的回归结果。总体上看，青春文学、小说和童书这 3 类的参数联合检验的 F 值均在生命周期早期和中期通过显著性检验，而在生命周期后期 F 检验不显著；仅有文学类图书在生命周期的早期、中期和晚期 F 检验均显著，某种程度上说明在线评论对图书销量的影响随着生命周期的延长发生了显著变化。具体而言，在生命周期早期（出版时间小于 180 天），这 4 类图书在线评论的评论数量的系数均为负向显著;而在生命周期中期(出版时间大于180天且小于720天)和生命周期晚期(出版时间大于720天),评论数量的影响不同程度地开始减弱。如青春文学类和小说类图书,评论数量的影响在生命周期早期和中期均为负向显著,但在中期的影响系数小于早期,而在生命周期晚期,评论数量的影响已经降到了显著性水平以下。童书类图书的评论数量在生命周期中期就已经降到显著性水平以下。尽管文学类图书的评论数量在生命周期的早期、中期和晚期的影响均显著,但显著性水平却有所下降。

表6-4 不同图书生命周期阶段模型结果表(模型2 青春文学类)

自变量 生命周期	早期 (出版时间 <180天)	中期 (180天<出版时间 <720天)	晚期 (出版时间 >720天)
$\ln Volume$	−90.565 *** (26.792)	−84.622 *** (26.186)	−64.636 (97.865)
$\ln Valence$	−79.948 (109.539)	159.505 (150.21)	104.67 (902.02)
$\ln Diff$	−0.038 (0.046)	−0.064 (0.112)	0.904 (1.569)
$\ln Age$	1.569 *** (0.257)	1.207 *** (0.300)	1.423 (1.055)
a_0	792.143 *** (263.678)	460.031 (376.047)	457.269 (1 821.161)
样本数	163	480	345
参数联合检验的 F 值	13.09 ***	5.36 ***	0.95
固定效应检验的 F 值	1.57 **	8.73 ***	9.91 ***
调整 R^2	0.530	0.501	0.302

注:* 代表 $p<0.10$;** 代表 $p<0.05$;*** 代表 $p<0.01$。各模型的因变量均为 ln Rank,即在各图书子类中销量排名的自然对数。表格中列出的数字为模型系数的估计值,括号里的数字为标准误。

表 6-5　不同图书生命周期阶段模型结果表(模型 2　小说类)

自变量 生命周期	早期 (出版时间 <180 天)	中期 (180 天<出版时间 <720 天)	晚期 (出版时间 >720 天)
ln $Volume$	−84.618**	−68.186***	3.889
	(38.246)	(23.774)	(32.646)
ln $Valence$	396.935	171.394	−272.259
	(246.000)	(182.580)	(365.146)
ln $Diff$	0.068	0.106	−0.447
	(0.151)	(0.174)	(0.417)
ln Age	1.457***	1.277***	1.580**
	(0.312)	(0.363)	(0.770)
a_0	89.964	357.233	388.883
	(408.508)	(371.611)	(723.771)
样本数	87	406	655
参数联合检验的 F 值	7.23***	3.56***	1.98
固定效应检验的 F 值	8.26***	11.60***	8.53***
调整 R^2	0.548	0.517	0.585

注：* 代表 $p<0.10$；** 代表 $p<0.05$；*** 代表 $p<0.01$。各模型的因变量均为 ln Rank，即在各图书子类中销量排名的自然对数。表格中列出的数字为模型系数的估计值，括号里的数字为标准误。

表 6-6　不同图书生命周期阶段模型结果表(模型 2　文学类)

自变量 生命周期	早期 (出版时间 <180 天)	中期 (180 天<出版时间 <720 天)	晚期 (出版时间 >720 天)
ln $Volume$	−129.786**	−52.661**	−66.556*
	(60.762)	(18.017)	(36.149)
ln $Valence$	−78.747	−246.674	917.546***
	(733.420)	(224.930)	(302.257)
ln $Diff$	0.044	−0.076	0.084
	(0.137)	(0.127)	(0.336)

续表

自变量 生命周期	早期 （出版时间 <180 天）	中期 （180 天<出版时间 <720 天）	晚期 （出版时间 >720 天）
$\ln Age$	1.337***	0.627*	4.818***
	(0.416)	(0.353)	(0.798)
a_0	1 242.782	867.779**	−846.131
	(1 329.412)	(399.650)	(685.312)
样本数	64	409	607
参数联合检验的 F 值	3.66**	2.69**	7.93***
固定效应检验的 F 值	2.81***	8.55***	10.64***
调整 R^2	0.472	0.396	0.364

注：* 代表 $p<0.10$；** 代表 $p<0.05$；*** 代表 $p<0.01$。各模型的因变量均为 ln Rank，即在各图书子类中销量排名的自然对数。表格中列出的数字为模型系数的估计值，括号里的数字为标准误。

表 6-7　不同图书生命周期阶段模型结果表（模型 2　童书类）

自变量 生命周期	早期 （出版时间 <180 天）	中期 （180 天<出版时间 <720 天）	晚期 （出版时间 >720 天）
$\ln Volume$	−87.250**	2.384	12.789
	(40.157)	(5.344)	(10.875)
$\ln Valence$	134.929	144.333	174.497
	(434.569)	(487.624)	(684.065)
$\ln Diff$	0.099	0.052	0.273
	(0.089)	(0.199)	(0.295)
$\ln Age$	1.707***	0.546	0.764
	(0.593)	(0.585)	(1.016)
a_0	−1 383.741*	−2 377.007***	−417.601
	(769.870)	(790.357)	(1 105.509)
样本数	46	233	785

续　表

自变量 生命周期	早期 (出版时间 <180 天)	中期 (180 天<出版时间 <720 天)	晚期 (出版时间 >720 天)
参数联合检验的 F 值	3.44**	4.03***	1.34
固定效应检验的 F 值	16.17***	9.41***	7.49***
调整 R^2	0.338	0.312	0.391

注：* 代表 $p<0.10$；** 代表 $p<0.05$；*** 代表 $p<0.01$。各模型的因变量均为 ln Rank，即在各图书子类中销量排名的自然对数。表格中列出的数字为模型系数的估计值，括号里的数字为标准误。

6.5　结论

本章首先使用网页爬取工具采集了所需的图书面板数据。在此基础上，实证分析了在线评论中评论数量、评分、效价以及图书所处生命周期对销量的影响，根据图书类别进一步分析了不同类图书的在线评论的生命周期动态变化。本章的主要结论有：图书在线评论的评论数量是网络口碑中非常重要的一个变量；图书在线评论的评论数量对销量存在显著的正向影响，知晓效应得到验证；评论数量的影响效应在图书生命周期的早期非常显著，在中后期开始不同程度的减弱，根据出版时间变量的系数分析，可知在线评论对图书销量的影响随着生命周期而减弱，相关假设得到验证。此外，实证模型中关于评论效价和评论方差的假设没有得到验证，一方面这可能跟所研究的图书样本绝大多数都处于生命周期中后期有关，一方面与图书样本的好评率分布过密有关。图书网络销售商应积极在建立和完善用户在线评论系统，激励消费者参与在线评论，并对负面口碑进行积极管理。

管理启示：图书作为一种产品，应当遵循产品生命周期的规律。

出版企业应考虑图书的在线评论生命周期效应,控制出版节奏,选择出版时机[①]。图书网络销售商要根据图书生命周期每个阶段的在线评论特征,制订合理的在线评论管理策略。例如,在图书生命周期的早期,在线评论的知晓效应和说服效应比较明显,这时期要重在观察图书产品的市场反馈,利用好在线评论的网络口碑效应,了解产品的优势和劣势,为以后的决策提供依据;在图书生命周期的中期,图书产品进入成熟期,应重视对在线评论的深度挖掘,了解读者的潜在需求,为图书的后续选题策划、再设计、再版的完善提供数据支撑;在图书生命周期的晚期,应根据图书已有的较为完整的生命周期表现进行分析,对优秀产品进行差异化开发;对失败的产品进行经验教训的总结。总之,出版企业应围绕"如何让一本图书的生命周期更长"展开工作,对于读者阅读需求、消费习惯进行深入的市场调研,对图书进行定位与设计。图书发行后,应及时跟踪分析销售渠道信息,了解市场反馈,对产品进行相应调整。

6.6 本章小结

本章在前两章基于截面数据的实证研究的基础上,进一步实证检验了在线评论中评论数量、评分、效价以及图书所处生命周期对销量的影响机制。在此基础上,根据图书类别进一步分析了不同类图书的在线评论的生命周期动态变化。

---

① 黄晓彦.基于在线图书评论视角的出版开发探究[J].编辑之友,2017(3):18—24.

第 7 章
负面在线评论对图书销量的影响研究

在线评论是一种重要的网络口碑,在线评论的情感倾向反映了消费者的态度。正如"现代营销学之父"菲利普·科特勒所说,现代企业正从传统营销向口碑营销转变。而在相关研究领域,正面口碑、负面口碑以及中性口碑对消费者决策或市场绩效的影响效应是在线评论研究的重要内容之一。相对于正面的信息,消费者可能更加注意负面信息,并且可能将这些负面信息进行扩散,传播,甚至在网络上夸大事实,而接受负面口碑的部分消费者也可能会放弃原来对产品或品牌的关注和忠诚,对商家的网络营销十分不利。许多学者认为,消费者更关注负面在线评论,是基于降低风险的考虑。基于负面口碑对销量的抑制效果远大于正面口碑对销量的促进效果,相比正面口碑,网络零售商尤其要重视对商品负面评论这种具有"强"影响效应的口碑,对在线评论的情感倾向进行科学有效的管理。

7.1 负面在线评论

7.1.1 负面在线评论的定义

关于负面在线评论的界定,学者们的定义虽然不完全一致,但大多体现了负面在线评论的核心特点,如在对"负面在线评论"的定义界定中体现"抱怨""不满意""体验或经历""告知"等关键词。与"负面在线评论"相关的概念有负面在线口碑、负面在线意见、负面网络口碑、负面消费者评论等。戴和忠(2014)认为在线评论与在线口碑、口碑三者之间存在隶属关系,在线评论是在线口碑的一种形式①。早期的研究文献中将负面口碑定义为"消费者将与购物相关的不满意经验通过网络平台进行告知,传播,交流等"②③。国内学者袁乾(2015)将负面口碑定义为在社会化媒体中,消费者针对产品、服务、品牌或,企业的特征,对消费过程中遭遇的消费失败进行描述,包含负面情感信息的UGC④。毕继东(2010)、宁连举和孙韩(2014)则对"在线负面评论"进行了定义:在线负面评论是指消费者利用各网络沟通渠道发布的、表现不满情绪和失望消费经历等的、与企业和产品相关的负面信息⑤⑥。

本章采用"在线评论"这一概念,借鉴相关学者的定义,认为针对图书的负面在线评论是指读者(或消费者)利用网络、社会化媒体等渠道发布的、表现不满情绪和失望阅读(消费)经历等的、与图书相关的负面信息。

---

① 戴和忠.网络推荐和在线评论对数字内容商品体验消费的整合影响及实证研究[D].杭州:浙江大学,2014.
② RIEHINS M L. Negative Word-of-Mouth by Dissatisfied Consumers: A Pilot Study[J]. Journal of Marketing, 1983, 47(1): 68—78.
③ SINGH D, JAGDIP A VOICE, EXIT, Negative Word-of-Mouth Behaviors: An Investigation Across Three Service Categories[J]. Journal of the Academy of Marketing Science, 1990, 18(1): 11—14.
④ 袁乾.社会化媒体中面向负面口碑的信息资源管理方法[D].武汉:华中科技大学,2015.
⑤ 毕继东.负面网络口碑对消费者行为意愿的影响研究[D].济南:山东大学博士学位论文,2010.
⑥ 宁连举,孙韩.在线负面评论对网络消费者购买意愿的影响[J].技术经济,2014(3):54—59.

7.1.2 负面在线评论的维度

许多研究表明,尽管电子商务网站上负面在线评论的总体数量及占比远远低于正面、中性在线评论的总体数量及占比,但负面在线评论和正面在线评论对商品销售的影响并不是对称的,而是存在显著的差异;不少实证研究表明负面在线评论对销量、品牌声誉的影响力大于正面在线评论。学者们主要从负面在线评论的内容质量、数量(所占比例)、负面信息发送者与接受者特征、负面程度等维度对负面在线评论进行分类。

袁乾(2015)认为负面口碑主要包含情感、产品或服务这两类信息。其中:负面情感信息表达了消费者的不满情绪、损失以及希望得到的补偿;产品或服务信息则表达了由于产品特性等知识性信息传递的不足等信息不对称导致的消费失败[1]。宋远征(2016)将负面在线评论分为 3 类,即产品属性负面评论、商家服务水平负面评论以及物流负面评论。其中:负面在线评论的产品属性又细分为产品的基本属性、性能属性和外在属性;负面在线评论中体现的商家服务水平是指卖家提供的商品或服务的描述、配送效率、服务态度、退换货处理、服务失误处理等服务令消费者感觉满意的程度;负面在线评论中体现的物流服务又细分为配送货物准确率、服务信息质量、时间性等多个维度[2]。Sundaram(1998)等人分析了负面网络口碑发送者的情感动机,并将其归纳为利他主义、减轻忧虑、报复企业和寻求建议等 4 种动机[3]。陈涛和蔡玉婷(2013)针对创新型产品的网络口碑管理问题,将负面网络口碑发送者的情感动机

---

[1] 袁乾.社会化媒体中面向负面口碑的信息资源管理方法[D].武汉:华中科技大学,2015.
[2] 宋远征. 网络负面评论对消费者购买意愿影响——产品类型调节作用[D].哈尔滨:哈尔滨工业大学,2016.
[3] SUNDARAM D S, MITRA K, WEBSTER C. Word-of-mouth Communications: A Motivational Analysis [J]. Advances in Consumer Research, 1998, 25(1): 527—531.

分为情绪化、理性、利他动机和利己动机 4 种,构建概念模型描述情感动机与创新抗拒之间的关系并采用问卷调查分析方法进行实证研究。研究结论表明,负面网络口碑发送者的利他动机显著正向影响负面口碑的可信度[①]。蔡淑琴(2017)等人从在线评论的负面情感强度进行分类,通过情感词提取将负面情感强度划分为强负面情感、中负面情感、弱负面情感。例如:将负面评论中出现"愤怒""虚伪"等极度不满的情绪认定为强负面情感;将负面评论中出现"苦恼"等反映评论者焦虑情绪的认为是中负面情感;将负面评论中出现情感表达不鲜明,较为隐晦的低程度不满的认为是弱负面情感[②]。

7.1.3 负面在线评论对销售的影响研究

现有文献中分析负面在线评论对销售的影响机制和效果更多的是被包含在对在线评论的整体研究当中,主要用于与正面在线评论的比较研究。Chatterjee(2001)首次对在线评论进行了定义,并通过实验研究发现负面口碑会对消费者对产品的信任度以及购买动机产生负面影响[③]。Chevalier & Mayzlin(2006)的研究表明,负面在线评论的产生和传播会对产品的销售和消费者决策产生不利的影响,且负面口碑比正面口碑的影响程度更显著[④]。张红宇等人(2014)通过对大众点评的数据进行线性模型分析,发现口碑数量、口碑评分和负面口碑均能部分

[①] 陈涛,蔡玉婷.基于社会网络视角的负面口碑与创新抗拒实证研究[J].消费经济,2013(4):27—31.
[②] 蔡淑琴,秦志勇,李翠萍,等.面向负面在线评论的情感强度对有用性的影响研究[J].管理评论,2017(2):79—86.
[③] CHATTER JEE P. Online Review: Do consumers use them [J]. Advances in Consumer Research, 2001, 28(9): 133—139.
[④] CHEVALIER J A, MAYZLIN D. The Effect of Word of Mouth on sales: Online Book Reviews[J]. Journal of Marketing Research, 2006, 43(3): 345—354.

地影响消费者的页面浏览、页面收藏、签到等在线行为[1]。

专门研究负面在线评论的影响机制的文献相对较少,但这些研究的结论对于负面口碑管理策略的制订和危机处理等方面更具有针对性。现有文献中专门针对负面性影响的研究成果可以概括为影响效果、影响机制两个角度。多数学者都从负面在线评论的信息来源、信息的发出者和接收者特征、商品本身特征等因素综合考虑,来探讨负面在线评论的影响作用。

毕继东(2010)认为负面在线评论的特征、来源和企业印象都会显著影响消费者的行为意愿[2]。李宏等人(2011)通过情景模拟实验方法,将负面在线评论的质量、消费者卷入度和性别这3个变量纳入实验框架负面在线评论对消费者网络购买决策的影响。研究结论表明,负面在线评论的质量和消费者卷入度均对消费者的购买决策产生显著影响,且两者之间存在交互作用[3]。张耕和郭宁(2012)引入产品畅销度这一变量探讨了负面在线评论对销量的影响机制。研究结果表明:负面在线评论的数量、评论者专业度以及产品价格均对销量产生显著的负向作用;而产品畅销度与产品价格档次在负面在线评论对销量的影响中具有调节作用,对于畅销度高的产品,负面在线评论的影响显著减弱,对于价格高的产品,负面在线评论的影响增强[4]。Lac Zniak & De Cado(2014)从归因理论的视角出发研究消费者对负面口碑传播的反应,发现负面在线评论的传播与消费者对该商品品牌的偏爱程度有关[5]。

---

[1] 张红宇,周庭锐,严欢,等.网络口碑对消费者在线行为的影响研究[J].管理世界,2014(3):178—179.
[2] 毕继东.负面网络口碑对消费者行为意愿的影响研究[D].济南:山东大学,2010.
[3] 李宏,喻葵,夏景波.负面在线评论对消费者网络购买决策的影响:一个实验研究[J].情报杂志,2011(5):202—207.
[4] 张耕,郭宁.负面在线评论对产品销量的影响:基于淘宝网的实证研究[J].消费经济,2012(6):86—89.
[5] LACZNIAK, DECARLO, DONNA. Consumers Responses to Negative Word-of-Mouth Communication: An Attribution Theory Perspective[J]. Journal of Consumer Psychology, 2014, 11(1):57—73.

从负面在线评论的情感强度视角出发,Berger等人(2010)认为,情感强度极弱的负面评论信息可能会引起消费者的兴趣,达到提升商品浏览量的效果;而情感强度很高的负面评论信息则会降低潜在消费者的商品评价及购买意愿[1]。蔡淑琴(2017)等人从利用情感强度识别在线评论有用性的视角出发,利用线性回归模型研究了不同强度负面情感对负面评论有用性的影响。实证研究结论表明,强负面情感降低负面评论有用性,中等强度负面情感可以提高负面评论有用性,且不同强度的负面情感之间存在显著的交互作用[2]。

上述文献大多数基于消费者视角进行框架整合研究,近年来不少学者开始转向商家回复等新视角开展负面在线评论的研究。李爱国等人(2017)认为商家回复作为在线服务补救措施之一,正逐渐受到商家与消费者关注,它不仅影响着消费者购买行为,还影响着商家在线营销策略与经营业绩;且以体验型商品为研究对象对负面在线评论对销量的影响进行了实证研究[3],进一步实证研究了商家回复在负面评论对消费者购买决策的影响中的调节效应。研究结论表明,负面评论内容评分、负面评论者专业度与消费者购买决策呈正向相关,且星级评论者影响力度较一般评论者显著,负面评论星级评分、负面点评率与消费者购买决策呈负向相关;商家回复对消费者购买决策呈正向调节,回复策略与回复质量则呈负向调节[4]。

图书作为较早在网络销售中比较成功的产品,图书产品的负面在

---

[1] BERGER J, SORENSEN A T, R ASMUSSEN S J. Positive effects of negative publicity: when negative reviews increase sales[J]. Marketing Science, 2010, 29(5): 815—827.

[2] 蔡淑琴,秦志勇,李翠萍,等.面向负面在线评论的情感强度对有用性的影响研究[J].管理评论,2017(2):79—86.

[3] 李爱国,邓召惠,毛冰洁.Web2.0环境下在线负面评论及商家回复研究述评[J].企业经济,2017(1):115—121.

[4] 李爱国,邓召惠,毛冰洁.在线负面评论对体验型产品销量的影响——基于商家回复视角[J].商业研究,2016(7):138—144.

线评论研究也受到一些学者的关注。Chevalier 和 Mayzlin(2006)比较了巴诺书店和亚马逊网站上的图书在线评论,研究了图书在线评论对图书销量的影响,结论表明累积的负面在线评论导致的图书销量下降大于累积的正面在线评论带来的图书销量的上升[1]。刘中刚(2015)以职场类图书为对象,研究了口碑类型与发送者身份信息对图书网络双面口碑效果的影响,发现了负面口碑的积极作用。研究结论表明,适量的负面口碑能够提高网络口碑的可信度,主观口碑(指不涉及图书内容等客观性问题,仅为主观上的情绪表达)能够降低负面口碑在图书产品评价上的消极作用,增加口碑发送者的身份信息能够提高双面口碑可信度和产品评价[2]。龚诗阳等人(2012)采用图书在线评论的 1 星级评分和 5 星级评分分别衡量极端负面和正面评论,通过计量模型进行实证测算,发现从星级系数的绝对值大小比较和显著性水平检验两方面来看,1 星评分(负面口碑)对销量的影响程度显著大于 5 星评分(正面口碑)的影响[3]。

7.2 负面在线评论管理策略研究

根据上文的文献综述可以得出,在电子商务环境下,如何发现有用的负面在线评论、识别出高质量的负面口碑并采取积极有效的服务补救措施对商家经营和品牌维护显得尤为重要。许多学者从不同的角度对负面在线评论管理提出了有益的建议。

---

[1] CHEVALIER J A, MAYZLIN D. The Effect of Word of Mouth on sales: Online Book Reviews[J]. Journal of Marketing Research, 2006, 43(3): 345—354.
[2] 刘中刚. 口碑类型与发送者身份信息对图书网络双面口碑效果的影响[J].出版科学, 2015(3): 70—73.
[3] 龚诗阳,刘霞,刘洋,等. 网络口碑决定产品命运吗——对线上图书评论的实证分析[J].南开管理评论,2012(4): 118—128.

袁乾(2015)结合抱怨者(信息资源的需求者)、消费者(信息资源的提供者)和企业的价值需求这3个方面,提出了面向负面口碑的基于价值共创理论的信息资源管理框架。他指出,如果消费者发布的负面评论以产品或服务特性等知识性评价为主要内容,该信息具有更强的可信度,抱怨者更容易接受来自其他消费者的信息。针对这一类负面在线评论,实现负面口碑处理的关键是有效的信息补偿,如实现产品知识和信息的推荐,满足消费者的信息需求[①]。王琦和王琳(2015)指出,基于负面评论对购买决策的"强"影响效应,商家对负面评论进行回复,可是视为一种对服务失误的补救[②]。Lee和Choeh(2014)认为,电商平台可以通过情感计算得出在线评论的情感强度,在负面评论刚发表时第一时间根据在线评论的情感强度判断其有用性,将那些最有用的、具有中等情感强度和深度的负面评论提供给消费者,以帮助消费者减少购买风险,制订更合理的购买决策;同时,提供高质量的评论也能够增加消费者对购物平台的满意度[③]。蔡淑琴(2017)等人的研究对电子商务平台如何识别高质量的负面评论具有借鉴意义。他们建议电商平台上的商家积极回复评论,并鼓励消费者发表抱怨性的负面评论时尽量不使用强烈的负面情感词汇,这样能够增加其他消费者对该评论有用性的感知,为平台提供更多高质量的评论,从而帮助更多消费者[④]。陈涛和蔡玉婷(2013)从信息发送者的情感与动机因素分析的视角,提出了

---

① 袁乾.社会化媒体中面向负面口碑的信息资源管理方法[D].武汉:华中科技大学,2015.
② 王琦,王琳.在线评论情感倾向的影响效应及管理措施[J]北京邮电大学学报(社会科学版),2015(1):43—51.
③ LEE S, CHOEH J Y. Predicting the Helpfulness of Online Reviews Using Multilayer Perceptron Neural Networks[J]. Expert Systems with Applications, 2014, 41(6): 3041—3046.
④ 蔡淑琴,秦志勇,李翠萍,等.面向负面在线评论的情感强度对有用性的影响研究[J].管理评论,2017(2):79—86.

针对创新型产品的负面在线评论的管理策略[①]。

针对图书产品,可以通过在网站设置上显示评论发布者的特征信息,提供口碑的积极影响[②];利用豆瓣网这种相对于销售网站更专业的图书评论发布平台进行口碑经营[③];提供多样化的口碑信息并向消费者建议可靠的信息源,建设顾客意见反馈专区,引导负面口碑的流向[④]。通过口碑数量、论坛转载数量等量化指标,及时监测、评估图书网络口碑的营销效果[⑤],并预测图书未来的销量走势[⑥]

7.3 本章小结

在前几章的实证研究中,我们发现负面评论对图书销量的影响系数显著且大于正面评论对图书销量的影响。基于负面评论的这种"强"作用力,本章从负面在线评论的定义和维度分析出发,对于负面在线评论如何作用于网络口碑传播效果的相关研究进行了梳理和归类,探讨了负面在线评论的管理策略。

[①] 陈涛,蔡玉婷.基于社会网络视角的负面口碑与创新抗拒实证研究[J].消费经济,2013(4):27—31.
[②] 刘中刚.口碑类型与发送者身份信息对图书网络双面口碑效果的影响[J].出版科学,2015(3):70—73.
[③] 王京山,杜建华.用豆瓣网进行图书网络口碑营销的策略分析[J].科技与出版,2012(6):10—13.
[④] 周丽玲.图书产品的网络口碑传播[J].出版科学,2014(2):70—73.
[⑤] 戴维.网络媒体环境下图书口碑的嬗变及营销应对[J].出版科学,2016(2):75—78.
[⑥] 唐雪梅.图书的网络口碑营销策略研究[J].编辑之友,2013(2):87—89.

第8章
大数据背景下在线评论在图书销售中的策略分析

随着Web2.0技术的产生和发展,互联网平台上企业和用户之间互动行为的增强为企业更实时地进行网络舆情采集、更微观地洞察顾客需求并制定精准营销策略提供了前所未有的机遇。相比大数据在电影等其他传媒领域的应用,大数据在图书出版业的应用并不是很广泛。基于用户产生内容(user generate contents,UGC)的在线评论正是在这一背景下产生的一种新型的市场需求调查方式。当前的图书市场增长低速,两极分化竞争日益加剧,精细化管理要求越来越高。传统出版界重视学识与经验、灵感与悟性,某种程度上反映了出版业的市场化、精细化管理程度较低的事实。图书作为一种体验型产品,图书在线评论如何影响图书的销售、如何利用图书在线评论挖掘读者需求、增强竞争优势这一问题日益受到出版界的重视。

8.1 图书在线评论影响销售的机制分析

与传统的图书口碑不同,图书在线评论并不以面对面的人际沟通为主,而是在虚拟的网络环境中以文字、图片等数字化信息的方式呈现,传播速度快,传播范围广,具有复杂的网络结构特点,因而对购买决策的影响力更大。前几章的研究表明,图书在线评论主要通过知晓效应和说服效应来影响购买决策。图书在线评论知晓效应的影响路径是:传递和分享图书信息,使更多的潜在读者了解这本图书,并可能产生购买行为。一些主要关注在线评论知晓效应的学者倾向于采用评论数量来进行度量,评论数量代表了图书评论的总量和传播广度,图书评论的数量越多,读者对图书的信息越了解,越能影响读者的购买决策。说服效应的影响路径是:因为图书评论存在正、负极性,所以能塑造和改变读者对图书的态度,从而影响读者的购买决策。一些关注在线评论说服效应的学者倾向于采用评论分数来度量。评论分数表明了读者对图书评价的态度,正面评论增加读者对图书质量的期望,提升读者对图书的态度;负面评论降低读者的期望和态度。现有研究表明,处于不同的图书生命周期的评论差异性对读者产生不同的影响,一般而言,评论差异性的影响随着图书的导入期、成长期、成熟期、衰退期的时间演变不断降低。

8.2 利用在线评论向读者销售图书的策略

根据以上的分析可知,图书在线评论影响读者的购买决策,营销人员可利用在线评论来影响读者的购买决策,针对不同读者发布评论的图书类别和发布场所等信息,识别读者的属性特征和购买需求,图书出版商和在线网站可以进行精准定位和调整决策。例如,图书在线零售商巨头亚马逊以重视读者的评论反馈著称,早期就建立了用户评论系统,根据五星打分体系对图书在线评论的质量以及有用性进行评价,并针对所有用户对某条评论"有用"或"无用"的投票权重进行计算,对评论者进行排序。2015 年 11 月亚马逊在西雅图开设首家实体书店的举措引发了热烈的讨论。亚马逊依据网站图书的销售排名和用户数据的分析挑选出 4 星级评价以上的书目，或者挑选亚马逊实体书店所在区域周边人群阅读偏好作为实体书店上架书目的参考。而光顾亚马逊实体书店的顾客用 Amazon APP 查询某本书的在线评论、用相机扫描条形码的瞬时行为也会被亚马逊背后支撑的大数据管理平台所记录和跟踪，进而针对用户订制并发送符合该用户消费习惯的讯息，有效地引导购买行为。这种基于大数据的、不同于传统书店的差异化创新营销模式为读者提供了更丰富的用户体验，同时在读者心中也树立了更好的品牌形象。本章提出以下策略，试图探讨出版企业如何进行科学的图书在线评论管理。

8.2.1 在线实时监测读者发表的图书在线评论

图书在线评论对出版社而言是一个潜在的有价值的分析工具，出版企业可以通过管理、监测在线评论洞察读者行为。图书在线评论能显示读者在网页上看到的图书价格、在线评论的平均得分、极优评分比例、极差评分比例、评论数量、评论发布时间等许多重要信息。例如，全球最大的中文网上书店当当网早在 2007 年就建立了图书在线评价系统，采用 1~5 分的星级评分方式，5 星为最高评价。在当当网购书的用户交易成功后可以对所购图书进行评论，相对于亚马逊用户在账号注册成功后即可发表评论的门槛设置更严格，某种程度上增强了评论的可信度。通过对图书在线评论的基本要素进行分析，可以有效地洞察读者行为(包括读者获取信息的来源、读者的阅读时间、读者的阅读偏好及关联读物等等)、分析区域市场、了解竞争品和行业，从而找到精准的营销客户并及时调整策略。实时监测图书在线评论的首要步骤是获取数据。图书在线评论的大数据来源是多样的，获取的渠道有网上书店、微博、论坛、微信公众号等，这些评论大多数是属于文本类型的非结构化数据,甚至有些评论并不出现文字,而是用"笑脸""点赞"等网络表情符号表示肯定或否定态度。不同渠道获取的图书在线评论具有各自所属的平台特点。如：在当当网、亚马逊图书电商网站上发表的评论更倾向于图书装帧、印刷质量等形式内容；而在读书社区、论坛等平台上发表的评论更多的是体现读者对图书思想性的关注；等等。不管是哪种平台上发表的评论,它们都从不同的维度和视角包含了关于图书的有价值的信息；因此,尽量将公开可获得的在线评论数字化,结构化是利用大数据发展经营出版企业的基础。在获取数据的基础之上,重点在于对在线评论文本进行挖掘、话题聚类、情感判定；然后进行数据分析,对用户特征、行为以及语义进行分析；最后统计结果,形成可视化报告,为出版企业的战略决策层提供参考。秦艳琴和朱婧婷(2011)选取名列畅销书书单榜首的《好妈妈胜过好老师》为例,利用词频分析软件 ROSTCM 在当当网上抓取了该书 1.3 万多条的在线评论进行了数据挖掘,对评论内容进行词频分析,从得出的高频词中分析出了读者对于育儿类图书的情感诉求等重要信息[1]。林强庆(2015)针对医学类图书的特点,探讨了如何利用在线评论进行网上销售的做法[2]。

8.2.2 鼓励购买者发表真实的图书在线评论并给予相应的评论回报

2013 年,网友在网络问答社区知乎上关于"亚马逊美国的评论氛围是怎样形成的"[3]这个主题展开了丰富的讨论,并将 Amazon.com 与国内的电商网站在线评论进行了对比。为什么在亚马逊美国

---

[1] 秦艳琴,朱婧婷.网络图书评论分析与编辑智慧[J].中国编辑,2011(2)：75—78.
[2] 蒋燕.美国童书之"可预见"设计[J].出版发行研究,2015(8)：91—93.
[3] 亚马逊美国的评论氛围是怎样形成的? [EB/OL].[2016-7-23].http://tech.sina.com.cn/i/csj/2013-03-21/17598169453.shtml.

(Amazon.com)网站上的产品评论氛围浓厚,在网站上到处可见某本书的页面下有很多真实、专业的、详尽的评论信息? 讨论的结果:一是基于人与人之间的信任,帮助,自身表达的愿望;二是美国亚马逊的鼓励机制。在这种自由、平等、开放的氛围引导下,亚马逊美国(Amazon.com)成了一个类似于国内豆瓣网的社交平台,随着时间的推移,从而积累了很多有价值的在线评论。事实上,美国亚马逊并不允许某个商家以某种经济回报或奖励去引导用户留产品评论,而是依据评论者和其他用户对图书在线评论的有用性投票来筛选出优秀评论者,优秀评论者从而获得声誉、身份认同、网络地位等社会回报。不少国内电商网站对鼓励评论的做法是提供小额物质激励,比如在对某本书发表了在线评论后,商家会给予评论者相应的积分奖励或代金券。国内学者付东晋和王刊良(2015)分别对在线评论者实施小额经济回报和社会回报的京东商城和亚马逊这两家电商网站进行了实证研究,结论表明,评论者在小额经济回报激励措施下发布的在线评论的评分比社会回报激励情形下要高;但前者评论的深度下降且其他用户的感知有用性较低[1]。因此,激励用户发表高质量、对其他阅读者更有参考价值的在线评论并不能简单地用经济回报就能实现,制订者还需要对评论者的激励机制进行改进;对于文化属性很高的图书产品而言,更是如此。

鼓励用户发表真实评论的同时,帮助读者识别并剔除虚假评论尤为重要。虚假评论是由商家雇佣"书托"或"网络水军"制造的虚假的、具有欺骗性的评论。虚假评论的存在极大地削减了在线评论的信息质量,增加了用户受误导而做出错误购买决策的风险。这种伪造的网络口碑侵犯了用户和竞争者的合法权益,造成了诚信危机。尽管图书在线评论相对于其他商品的在线评论而言,因为有出版社

---

[1] 付东晋,王刊良.评论回报对在线产品评论的影响研究——社会关系视角[J].管理科学学报,2015(11):2—12.

和网上书店的信用担保,图书评价的信用评价属性相对弱化,但从长远看,虚假的图书在线评论对出版社的品牌声誉将会产生负面影响。当前对虚假评论的治理主要借助于计算机领域的识别技术。2015年6月,电商巨头亚马逊宣布用人工智能系统打击虚假评论;2015年10月,亚马逊在美起诉了1 114名涉嫌在其平台有偿发布虚假评论的"网络水军",组建了专门的团队对用户的评论进行评价,过滤虚假内容,抑制刷单行为。

8.2.3 重视负面评论管理并以此为契机提高图书质量

根据全球著名的市场调查公司尼尔森关于中国网民用户习惯的数据显示,中国网民发表负面评论的意愿超过正面评论,占到62%[①]。大多数的实证研究表明,负面评论对购买决策产生的影响超过了正面评论。由于负面口碑可能会对在线零售商的信誉度和销量产生抑制作用,从而受到学术界和业界的特别关注。郑小平(2008)的研究表明,在线评论的数量与在线评论对消费者购买决策的影响呈正相关,产品评论中的负面评论会促使消费者对产品进行更深入的了解和调查[②]。陆海霞等人(2014)研究发现,只有当在线负面评论的文本内容质量较高的时候才会对消费者购买决策产生较大的负向影响[③]。企业应该重视负面口碑管理,尤其是对那些能够左右购买决策的高质量负面评论采取有针对性的补救措施。因此,对于图书评价中的负面评论,出版社编辑和营销人员要积极应对。一旦出现真实的高质量的图书差评,出版

[①] 陈方.中国人是不是患上了"坏消息综合征"?[N/OL].中国青年报,2010-08-04(01).[2016-8-13].http://world.people.com.cn/GB/12341818.html.
[②] 郑小平.在线评论对网络消费者购买决策影响的实证研究[D].北京:中国人民大学,2008.
[③] 陆海霞,吴小丁,苏立勋.差评真的那么可怕吗?——负面线上评论对消费者购买行为的影响研究[J].北京社会科学,2014(5):102—109.

社应该在第一时间查找原因,及时与读者进行有效沟通;同时建立负面评论信息库,为以后改进图书质量提供重要的参考。例如,在亚马逊或当当网的0~3岁幼儿读物栏目中,经常在某一本畅销的绘本页面上会显示几千条甚至上万条的在线评论。显然,这些评论者大多数是0~3岁这个年龄阶段幼儿群体的家长们。因为关注孩子的健康安全、阅读体验等问题,这群评论者往往会对绘本的印刷质量、开本大小、封面设计、色彩等各方面提出比较专业的意见和观点。在绘本的负面评论中往往会出现诸如"异味""油墨味太重""书纸边角太硬,容易戳伤宝宝"等字眼,这些评论反映了幼儿读者背后的购买者为孩子提供安全环保阅读体验的诉求。图书在线评论承载的市场反馈信息,为图书的产品再设计、改进质量提供了有价值的参考依据。

8.2.4 充分利用社群用户评论的口碑效应进行图书营销

社交媒体时代,以微信为主介质的图书社群营销新模式迅速崛起,为业内的图书销售注入了新活力,社群电商也正在成为出版机构的营销重点。据数据显示,2015年童书社群营销领域典范——妈妈社群电商大V店累计上架图书2 100多种,童书绘本占比90%,图书销售额过亿元;接力出版社等多家大型少儿出版商成为这家大V店的供应商。而另外一家影响力很大的互联网知识社群——"逻辑思维",主持人罗振宇及其团队紧扣"逻辑思维"这档脱口秀节目推荐每期节目的阅读书目。2015年"逻辑思维"通过微店销售图书60余种,年销售码洋过亿元,图书已经成为"逻辑思维"社群中销量最大、品种最多的产品。豆瓣网也是一个近几年来在图书销售上异军突起的读书社区网站。豆瓣网以优质原创书评和精准的用户书目推荐为利器,通过用户自由发表和分享书评的这种病毒式营销方式集聚了越来越多志趣相投的读者。在传统图书营销中,出版商主要邀请专家和名人撰写图书评论;这种方式正在被更加多元开放、更加贴近读者需求的评价、意见和观点所替代。从用户定位上来看，社群图书营销能更精准地进行读者定位。不同于某些面向大众的畅销图书，豆瓣网和逻辑思维的读者圈具有小众化特点。例如，逻辑思维和豆瓣网的社群中用户以受过高等教育的青年人为主，在地域分布上以北上广等经济较为发达的大中型城市为主。而妈妈社群电商大 V 店的粉丝绝大多数是关注育儿的妈妈们。在社群内对图书进行推荐和营销的共同特点是：首先基于社群内人与人之间的信任、分享，社群经营团队与用户进行直接互动，与用户建立真实的连接，因为关注用户体验从而获得用户情感共鸣与价值认同，进而产生较高的用户黏性；最后才考虑图书作为商品的功能和价格等属性。总之，社群图书营销借助内部裂变效应，让群内购买者成为新的传播源，积累了大量的基于用户产生的点赞、评论、转发等交互数据，对于图书信息的精准投送、内容定制具有较高的决策参考价值。在读者接受图书信息的渠道、购买决策的驱动因素方面，社群营销颠覆了传统图书发行和营销方式。

8.3　结论

文理融合是大媒体、大出版环境下出版业对出版工作者提出的更高要求。借助技术类分析工具对图书在线评论进行有效的分析能体现出当前出版人员的信息获取和分析能力，有助于位于产业链上游的图书编辑获取来自终端读者的第一手资料，了解读者的真实需求和反馈信息，进而为有效地选题、推出精品图书提供策略，加强了编辑与读者之间的沟通。同时，从海量书评中提取有用的信息也有助于图书出版商了解在线书评口碑的产生和影响机制，以进一步地理解和设计线上买书和线下体验的互动模式，提高图书的销售绩效。

8.4 本章小结

本章以图书在线评论为例,梳理总结了图书在线评论对销售的影响机制,并结合当下的新媒体环境探讨了如何利用图书在线评论销售图书的策略。

第 9 章
在线评论数据挖掘视角下的书籍设计研究

将在线评论用于产品设计尚属较新的领域①,这方面的文献并不多见②。大数据时代,数据技术的迅速发展以及海量的用户评论的产生使得对产品信息进行挖掘并应用于设计中成为可能③。图书在线评论中蕴含的读者反馈与建议等宝贵信息使得如何将在线评论用于书籍设计正不断得到关注。

9.1 基于图书在线评论的书籍设计需求分析

针对书籍设计,著名的书籍设计家杉浦康平先生提出了"五感"理论④。如何获得书籍的"五感",不仅需要设计师积累的经验、独特的思

---

① YING LIU, JIANJIN, PINGJI, et al. Identifying helpful online reviews: A product designer's perspective[J]. Computer-Aided Design, 2013, 45(2): 180—194.
② 何子琳,陈曼仪,齐佳音.产品设计角度的微博评论有用性分析[J].北京邮电大学学报(社会科学版),2014(5): 1—8.
③ 陈志刚,鲁晓波.大数据背景下信息与交互设计的变革和发展[J].包装工程,2015(8): 6—9.
④ 王芳.书籍五感对书籍设计的影响与推动[J].今传媒,2013(5): 99—100.

维创意,还需要分析读者的需求和意见。读者的意见是图书设计方案的重要依据之一。互联网时代,许多读者在网上购书,也倾向于在当当网、亚马逊等网络平台上发表评论,表达自己对图书的态度、情感和诉求。图书在线评论不同于传统的采用问卷设计的调查方式,它完全是由用户出于自己的意愿、兴趣自由发表的以文本、图片、视频、音频等形式呈现的观点;不需要市场调查者刻意地设计问卷的题项加以引导[1]。正是因为这些在线评论中包含的对图书特征的评价,能让设计师更好地了解读者的真正意愿,为图书设计的完善提供一线的市场需求信息。

一本书在首次出版之后往往还要进行再设计、再版。"再设计(re-design)"观点由日本著名设计师原研哉提出,提倡对已有的产品进行重新设计思考,追求产品的内在价值,注重用户体验[2]。同样,在书籍设计上寻求创新,追求书籍形式与内容的和谐,提升书籍的文化内涵是设计师面对的永恒主题。什么样的书籍需要重新设计?重新设计后的再版书是否较初版有所超越?这些问题的解决需要设计师、编辑、读者三方智慧的融合。新的书籍设计主要向读者传达有别于旧版图书的定位等信息,对目标读者的定位更精准;因此,在书籍设计之前进行充分有效的市场需求调查是获得读者认可、促进图书销量的前提。

基于以上分析,本文提出在线评论数据挖掘视角下的书籍设计流程图,如图 9-1 所示。

---

[1] JIAN JIN, PING JI, RUI GU. Identifying comparative customer requirements from product online reviews for competitor analysis[J]. Engineering Applications of Artificial Intelligence,2016,49(C):61—73.
[2] 金帅华.探究书籍中由内及外的设计思维[J].设计,2016(8):136—138.

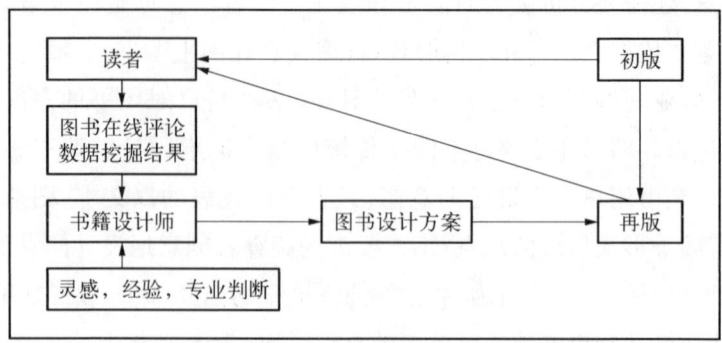

图 9-1　书籍设计流程图

9.2　图书在线评论中的设计要素分析

在线评论的一个主要特点是其匿名性。以匿名的方式发表观点的图书评论者当中,不仅有大量真实的购书者,还有一些非常专业的读者,这些读者往往是进行传统的市场需求调查时难以获得的访谈对象资源。一些高质量的图书在线评论能为设计师提供更准确的判断,避免盲目地为设计而设计。例如,畅销书《藏地密码》的设计就是一个成功的案例,见图9-2。该书的封面设计围绕西藏的主题展开,并且每一册书脊都采用彩条设计,在货架上陈列的效果就像一面面彩旗飘过来,让人容易联想起在西藏随处可见的、蕴含西藏宗教文化的五彩经幡。这种设计在实体书店非常具有视觉效果,容易引起那些对藏族文化感兴趣的读者的购书欲

图 9-2　《藏地密码》的封面与书脊设计

望。当当网上该书的用户评论达到 4 384 条,评论标签主题中较多谈及包装、印刷、排版等设计因素,好评率98.9%,如图 9-3 所示。这反映了设计师对该书的包装设计定位准确,找准了这本书的真正市场需求点。

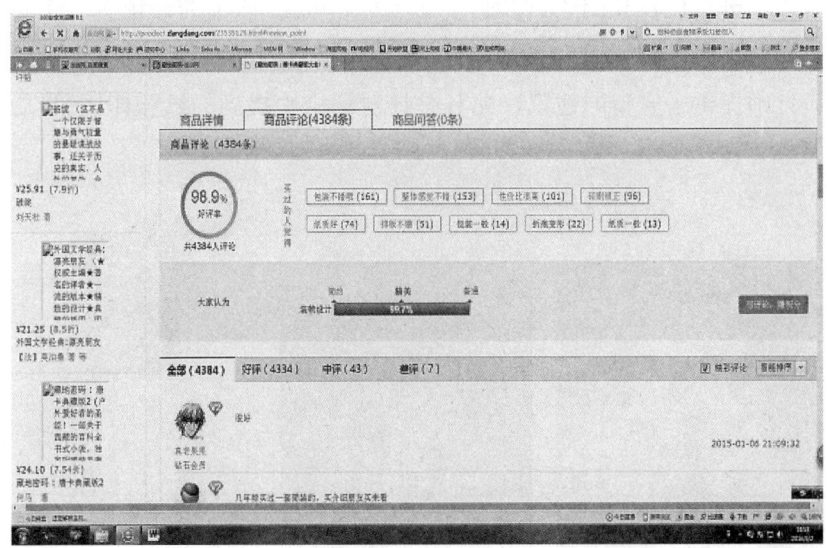

图 9-3　当当网上《藏地密码》在线评论截图

重新设计后的图书较之旧版是否更加符合读者需求也可以在线评论中反映出来。例如,名著《白鹿原》自 1993 年由人民文学出版社首次出版以来,至今已有 20 多个版本。其中,仅人民文学出版社就发行了 9 个不同版本。该书"初版本"的封面设计的是一位拄着拐杖的、饱经沧桑模样的老人,如图 9-4 所示。该版本问世后广受读者好评,第一次印刷的 14 850 册很快销售一空。后来,人民文学出版社和其他出版社均对其封面、内容、版式进行了再设计,全新推向市场后读者的认可度反而不如第 1 版。当前,在亚马逊上销售的《白鹿原》诸多版本中,用户评分最高、在线评论数最多的是人民文学出版社 2012 年 8 月推出的新版。该版本的外封面进行了重新设计,但内封面还是 1993 年版的设计,如图 9-5 所示。在亚马逊网站该书的页面下方显示了 2 577 条在线评论,其中 4 星以上的评论一共有 2 271 条,可见大多数读者对该书保留原版封面的设计认可度较高。从评论的内容来看,很多读者并不是简单地用"点赞"等符号来表达情感倾向,更多的是用专业的文字对各版本进行比较和阐述,如图 9-6 所示。可见,该书的评论者当中不乏对这本书非常熟悉和关注的读者,他们撰写的高质量的在线评论对设计师提供了宝贵的建议。尤其是针对评论中提到的纸张印刷、排版

图 9-4　人民文学出版社第 1 版(1993 年)　　图 9-5　人民文学出版社 2012 年版

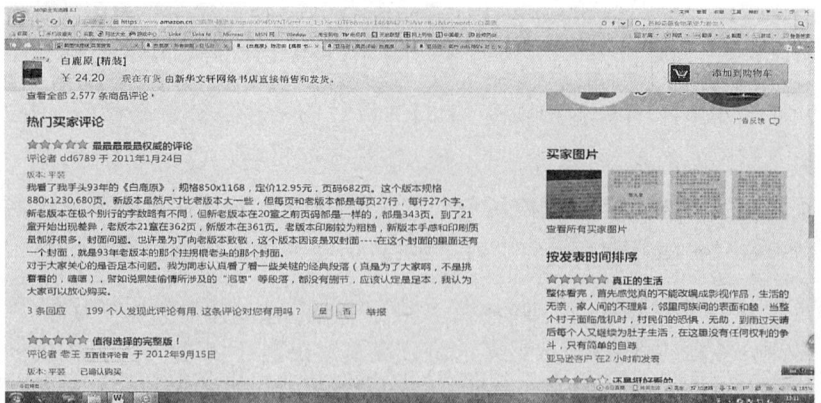

图 9-6　《白鹿原》典型在线评论

设计、装帧等各方面的问题[①],设计师应该进行重新审视,积极改进书籍的缺陷,进一步改进用户的购书与阅读体验。

9.3 实证研究

9.3.1 框架设计

本文结合在线评论数据挖掘流程构建了图书在线评论视角的实证设计框架图,如图9-7所示。

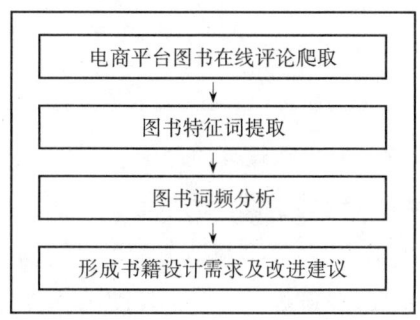

图9-7 实证设计框架图

9.3.2 实例计算与结果分析

本章以获得美国亚马逊2013年度最佳图书作品奖的儿童绘本《翻开这本小小的书》为例。首先,数据选自当当网和亚马逊图书商城网站上关于这本书的368条评论,其中源于当当网的评论330条,亚马逊的评论38条;然后,使用第3章设计的图书在线评论文本挖掘原型系

---

① 李明.从网店图书差评看纸质图书质量问题与对策[J].编辑之友,2013(3):34—37.

统对这些评论进行词频分析,见表 9-1。评论涉及的图书属性初步统计结果见表 9-2。这些高频的关键词描述了读者的主流观点[①],设计师们通过对主流观点的把握可以准确获取读者对这本书的反馈以及对这一类型书籍的诉求。

表 9-1 《翻开这本小小的书》词频表　　次

关　键　词	词　频	关　键　词	词　频
喜　欢	87	有意思	17
孩　子	61	好　玩	13
内　容	26	有　趣	10
创　意	23	简　单	9
撕　纸	21		
动　手	18		

9.3.2.1　在线评论对内容设计的评价

对这本书内容的评论属于设计的核心。如表 1 所示,在选取的评论样本中,对于这本书内容、故事情节方面的评论有 116 条,涉及的高频词有"内容""创意""撕纸"等。这些词反映出读者对这本书在内容设计上新颖、创新的认同感。这方面的典型评论诸如"小朋友撕得很开心""很期待撕书"等等。相比较市面上大多数针对低幼读者设计的玩具书、立体书而言,该书其最独特的地方是"撕书"的环节。在"撕书"的过程中,儿童不用担心像以往那样需要小心翼翼地翻书、爱护书,这种感觉对他们来说是一种新奇的体验。显然,这本书的设计者是非常了解儿童的生理特征和阅读特点的;因为撕纸是孩童期的一种常见现象,儿童通过触摸纸张、撕纸改变纸张的形状、听到撕纸声响来满足探索欲。

9.3.2.2　在线评论对形式设计的评价

如表 9-1 所示,样本评论中有关该书的封面设计、包装、装帧设

---

① 秦燕琴,朱婧婷.网络图书评论分析与编辑智慧[J].中国编辑,2011(2):75—78.

计、印刷质量等形式层的评论数一共只有 30 条，涉及的高频词较少；更多的是对该书的整体评价，如提及"性价比"的评论占比 20.4%。而实际上，该书的形式设计也是一流，设计师颇具匠心。比如，该书采用了"书中书"的概念、独特的版式设计计以及丰富的元素，如图 9-8 所示。

图 9-8 "书中书"设计

9.3.2.3 在线评论对设计延展性的评价

这类评论中往往能体现出读者更深层的阅读诉求和认识，如典型评论有"撕下来的纸还可以做许多小玩意""唯一的缺点是只能操作一次，如果能设计成布的拉链书更好"等。甚至还有小读者在博客中出晒出自己用撕下来的纸做出的手工作品。这样的评论也许能给图书设计师进行再设计带来灵感和启发，也可能引导那些认为"把书撕了之后无法再用，觉得很可惜"的读者们创造出新的玩法，获得更丰富的延展阅读体验。

9.3.2.4 在线评论中的情感倾向体现

按照文本情感分析理论，可以将在线评论分为正面评论、负面评论和中性评论。"孩子喜欢"是该书中涉及情感倾向的、出现频率最高的关键词。童书的特点是购买者与读者往往是分离的，家长给孩子购书的诉求不一定与孩子的阅读诉求一致，针对这一特点，设计者如何兼顾儿童读者和家长的需求是一个难题。当当网上显示这本书2 395 条全部评论中，好评 2 383 条，中评 10 条，差评 2 条。亚马逊显示这本书共 38 条评论，其中，好评 32 条，差评 6 条。这说明，读者对该书的积极情绪远远超过了消极情绪，其中很大一部分原因是该书突出了童趣。

该书受儿童欢迎的一个主要原因是其在版式、内容设计上具有"可预见性"。"可预见"设计在欧美童书设计中运用广泛①,能有效激发儿童的阅读兴趣,这也是国内许多家长追捧海外童书的原因之一,同时也折射出国内的童书设计存在的诸多不足。"可预见"设计策略在该书中体现为:语言上运用了较多重复性、渐进性的词语和句式;情节设计具有递增性,信息量逐步增加,符合儿童的阅读认知心理。该书的文字内容看似简单其实很巧妙,采用了套娃式结构设计,这种设计在成人看来也许很无趣、过于简单,这也是导致出现差评的主要原因。然而,大多数评论者倾向于理性,他们更看重该书给孩子带来的阅读体验。

如表9-2所示,样本中涉及该书阅读体验的评论共187条,占比50.8%。因为从阅读心理的视角来看,这种循环式的文字结构设计与巧妙的装帧设计,以及伏笔、细节上体现出的寓意是非常受儿童青睐的,在书中一次次循环往复的故事和身临其境的情境中,孩子们的情感等心理状态在书中找到了共鸣。比如,很多评论中都提到"孩子看了好多遍"这样的表述。

表9-2 《翻开这本小小的书》在线评论数据统计

项 目	童书(绘本图画书)
总评论数	368
涉及封面设计的评论比率/%	6(1.6)
涉及内容(故事情节)的评论比率/%	116(31.52)
涉及包装的评论比率/%	6(1.6)
涉及装帧设计评论比率/%	11(3.0)
涉及印刷质量评论比率/%	7(1.9)
涉及阅读体验的评论比率/%	187(50.8)
涉及性价比评论比率/%	75(20.4)

分析可知,在读者关注的7个主要图书属性中,该书评论较多的属

---

① 蒋燕.美国童书之"可预见"设计[J].出版发行研究,2015(8):91—93.

性主要是阅读体验、内容和性价比；封面设计、包装、装帧设计、印刷质量这4个属性的评论数及占比基本相当，且受关注度较低。通过进一步的情感分析可知，读者对阅读体验和情节设计比较满意；而负向评论集中在从成年人的视角觉得"内容简单""内容太少""书很薄"等等。从图书再设计的角度来看，该书再设计时可以针对上述家长评论者的需求进行提高，比如增加内容、将撕书的环节向可重复性、可延展性方向考虑，以此来提高图书性价比和购买者的满意度。

大数据时代，图书在线评论已经成为书籍设计获取市场反馈信息的重要途径之一。由于在线评论数量庞大，如何挖掘出有用的评论，过滤掉无用的和虚假的评论，为书籍设计提供有价值的信息，需要借助先进的数据挖掘技术，对在线评论进行观点挖掘、特征提取，这是书籍设计工作者们在这个时代必须直面的机遇与挑战。

9.4 本章小结

本章对基于图书在线评论的书籍设计需求和设计要素进行了分析，采用图书在线评论文本挖掘原型系统对儿童绘本《翻开这本小小的书》的在线评论进行词频统计，分析了内容设计、形式设计和设计延展性等方面的评价内容和在线评论的情感倾向。

第 10 章
研究的结论与展望

10.1 研究的主要结论

图书作为一种体验型产品,图书在线评论如何影响图书的销售、如何利用图书在线评论挖掘读者需求、增强竞争优势这一问题日益受到出版界的重视。围绕这一问题,本研究的研究成果体现在以下几个方面:

(1) 对在线评论的商品领域、信息来源、中英文书评、评论内容和信息获取方法等方面进行了比较分析,发现不同商品领域的在线评论在内容形式、用户感知等方面差异较大,不同信息来源平台上的图书在线评论在数据数量与质量上具有明显差别,并且在用户关注点和情感表现等方面也存在较大差异,但是都从不同的维度和视角包含了图书的有价值的信息,中英文书评在语言结构、分词方法、情感词典、语料库等方面存在差异,存在多种信息获取方法;定义了阅读社交网络的概念,探讨了阅读社交网络的应用价值,从目标用户、用户关系、产品定位以及功能服务等方面对国内外 4 家有代表性的阅读社交网络进行了比较研究,借鉴社交网络中的"强关系—弱关系"理论,按照读者与书的互动频率以及读者之间的关系紧密程度,将阅读社交网络分为强关系型阅读社交网络与弱关系型阅读社交网络两种类型,基于阅读社交网络的发展现状和分析结果,从学术和未来应用视角对我国阅读社交网络的研究给出了建议与启示;以基于图书在线评论的读者行为挖掘为切入点,对图书消费者和读者用户在大数据时代产生的数据进行了分类和梳理,重点对基于大数据技术的读者用户行为挖掘与分析方法进行了归纳总结,对面向读者用户行为挖掘的大数据应用方向进行了分析,结论指出了我国读者行为挖掘领域发展中存在的问题,对读者行为挖掘与分析的发展提出了建议。

(2) 通过对图书在线评论与销售绩效关系的实证文献研究,从直接效应和间接效应视角对该主题现有研究结论如正相关、负相关、不显著等多种形态关系进行了深入分析,为该领域进行更规范的实证研究提供了研究思路。结论表明,在线评论对销量的影响不仅取决于在线评论维度的选取与测度等自身因素,还取决于在线评论的产品类别、来源平台差异、文化语境等情境因素。现阶段关于图书在线评论对销量影响的实证研究正在从浅层数据提取向深层数据内容利用,从直接效应分析向更复杂、更真实的间接效应分析的方向发展。对在线评论观点挖掘方法和方面级观点挖掘方法分别进行了梳理和总结,发现在线评论的观点挖掘由篇章级和句子级的观点分类的粗粒度研究,渐渐转向以识别观点表达的多个语义成分的细粒度研究。

(3) 在在线评论对图书销量的影响机制实证研究方面做了如下工作:① 基于童书类的横截面数据分析并证实了在线评论"知晓效应"和"说服效应"的存在,在线评论的评论数量、评论效价和评论差异均显著正向影响图书销量;在线评论的情感极性显著影响图书销量,且 4 星级以下的评论比 5 星级的正向评论对图书销量的影响力更大。此研究间接地反映出童书类的消费群体对在线评论的负向情感表达容忍度非常低,对在线评论中体现的图书质量等问题非常关注。对于这种类型的图书,要对在线评论中反映出的图书问题重点监控,尤其要注重对负向在线评论的管理。② 围绕在线评论的 3 个基本维度,研究了图书热门程度这一图书类别因素对在线评论影响图书销量的调节效应,建立了在线评论维度对图书销量影响的调节因素模型。研究发现,图书热门程度是调节在线评论特征对产品销量影响的重要情景因素。相对于热门图书,属于利基产品的冷门图书的在线评论对图书销量的影响更大。本研究结合长尾理论、信息过载理论等理论基础对此进行了解释,这对于如何针对畅销书和小众图书采取有效的营销策略具有一定的启示。此外,通过对在线评论的 3 个基本维度之间交互作用的验证,发现在线评论对产品销量的形成机制较为复杂,不同的在线评论维度之间会产生交互效应,共同影响图书的销售。③ 在研究在线评论基本维度的基础上考虑了时间维度,基于面板数据分析并证实了在线评论对图书销量的影响随图书的不同生命周期阶段动态变化的特点。基于图书面板数据的研究结果验证了在线评论"知晓效用"的存在,在线评论数量是网络口碑中非常重要的一个变量,且在线评论对图书销量的影响随着生命周期的延展而减弱。在线评论数量的这种知晓效应在图书生命周期的早期非常显著,在中后期开始不同程度地减弱。此研究发现提示我们应当遵循图书产品的生命周期规律,考虑图书的在线评论生命周期效应,根据图书生命周期不同阶段的在线评论特点,制订合理的在线评论差异化管理策略。

(4) 提出了在线评论数据挖掘视角下的书籍设计流程。通过情感分析等文本挖掘方法获取图书在线评论中蕴含的有价值的市场需求信息,并用于书籍设计进而促进图书销售,尚属较新的领域。结合图书在线评论数据挖掘流程进行了图书在线评论视角的书籍设计实证,并通过实例计算与结果分析进行了验证。结合当下的新媒体环境,提出了在线实时监测读者发表的图书在线评论,重点实施负面评论管理的、充分利用社群用户评论的口碑效应等图书营销策略,帮助图书出版商和销售商进行精准定位和调整决策。

10.2 研究的局限性及进一步研究展望

本研究还存在一些不足之处，未来还有如下相关问题值得进一步深入研究：

（1）在在线评论与图书销售绩效关系的研究中，由于国内图书销售数据难以获得，网上书店的图书销量排名无法准确代表图书在实体书店和网络销售两种渠道的销售绩效。未来的研究可以丰富销售绩效的测度，如采用开卷网提供的图书码洋、册书、动态销售率等指标衡量销售绩效，用开卷销售数据替代排行榜的排名对已有模型进行验证、改进，研究在线评论对线上、线下图书销售的口碑效应，以期得到更多有意义的研究结论。

（2）在研究方法上，本研究主要采用经济计量模型进行实证分析，在变量处理上主要选择了在线评论的评论数量、评论效价、评论差异等数值型特征作为在线评论的研究维度。未来的研究可以对在线评论的文本挖掘进行深入研究，采用语义分析等方法重点研究在线评论的文本型特征如质量、细粒度情感、评论的矛盾性与一致性等问题，将在线评论的数值型特征与文本型特征进行结合分析，探讨它们之间可能存在的相互影响行为。

（3）影响在线评论—图书销售绩效关系的因素有很多，本研究考虑的图书特征和评论特征因素相对不足。未来的研究可以对本研究模型进行扩展，将阅读者特征、评论者特征、评论来源的平台特征等更多的影响因素纳入模型，深入考察在线评论的各特征之间以及在线评论特征与环境变量之间复杂的交互关系。例如，本研究只考虑了来源于图书电商平台的在线评论，而在新媒体环境下，图书在线评论存在多源异构的特点，广泛分布于电商销售网站、微博、豆瓣、阅读社交网络等不同的平台。未来可以对不同的图书在线评论来源进行研究，比较各平台在线评论作用的程度和方向差异等。